O UTILITARISMO

CB040302

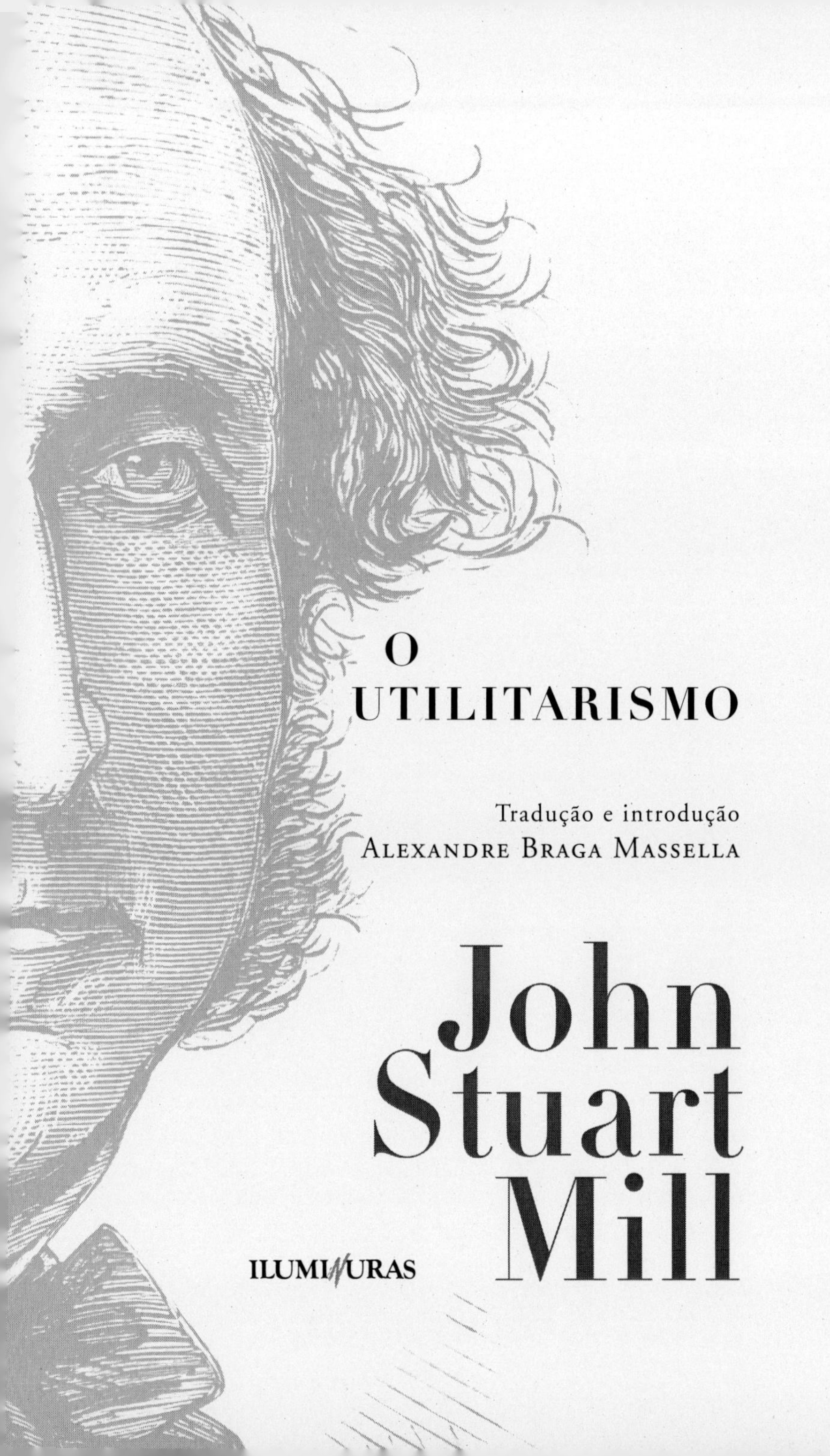

O UTILITARISMO

Tradução e introdução
Alexandre Braga Massella

John Stuart Mill

ILUMINURAS

Título original
The utilitarism

Copyright © desta edição e tradução
Editora Iluminuras Ltda.

Capa
Eder Cardoso / Iluminuras
sobre ilustração, entre 1872 e 1873, extraída de *Popular Science Monthly Vol. III.*

Revisão
Renata Cordeiro

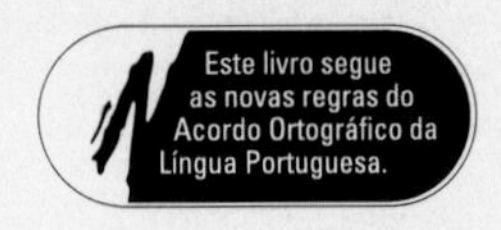

CIP-BRASIL. CATALOGAÇÃO-NA-FONTE
SINDICATO NACIONAL DOS EDITORES DE LIVROS, RJ

M589u

Mill, John Stuart, 1806-1873
O utilitarismo / John Stuart Mill ; tradução Alexandre Braga Massella. -
[2. edição] - São Paulo : Iluminuras, 2020.
96 p. ; 21 cm.

Tradução de: The utilitarism
ISBN 978-6-555-19005-2

1. Utilitarismo. 2. Ética. I. Título.

15-19004 CDD: 192
CDU: 1(42)

ILUMINURAS
desde 1987
Rua Salvador Corrêa, 119 | Aclimação | São Paulo/SP | Brasil
04109-070 | Telefone: 55 11 3031-6161
iluminuras@iluminuras.com.br
www.iluminuras.com.br

Sumário

INTRODUÇÃO

Alexandre Braga Massella, 9

O UTILITARISMO

CAPÍTULO I

OBSERVAÇÕES GERAIS, 25

CAPÍTULO II

O QUE É O UTILITARISMO, 31

CAPÍTULO III

DA SANÇÃO ÚLTIMA DO PRINCÍPIO DE UTILIDADE, 55

CAPÍTULO IV

DE QUE TIPO DE PROVA É SUSCETÍVEL
O PRINCÍPIO DE UTILIDADE, 65

CAPÍTULO V

DA RELAÇÃO ENTRE JUSTIÇA E UTILIDADE, 73

CRONOLOGIA, 101

INTRODUÇÃO

Alexandre Braga Massella

Contrariando algumas previsões que anunciavam a morte iminente da filosofia moral utilitarista,[1] essa doutrina continua, a julgar pelo volume de escritos que a cercam, um tema de reflexão privilegiado nos estudos sobre a Ética. Admite-se que a ideia central da doutrina, a de que as ações e as instituições estão moralmente justificadas quando maximizam a quantidade total de felicidade no mundo e diminuem o sofrimento, tem apelo e representa algo de suma importância para a vida humana. Em contrapartida, importantes autores como Bernard Williams desconfiam que o repertório de conceitos desenvolvido pela ética utilitarista é pobre demais para dar plena conta da riqueza de nosso mundo moral.[2] As noções de justiça e virtude, as disposições de lealdade e sinceridade, as afeições naturais e tudo aquilo que parece dirigir-se aos nossos sentimentos e suscitar a espontaneidade da ação, não poderiam ser mantidas em toda a sua integridade quando analisadas por uma abordagem de tipo utilitarista, que tende a atribuir um valor meramente instrumental para essas noções e disposições. Na própria época de Stuart Mill, Charles Dickens havia caricaturizado, em sua novela satírica *Hard Times* (1854), o agente moral ideal preconizado pelo utilitarismo: um eu frio e calculista cuja deliberação moral leva em conta apenas a maximização imparcial da felicidade, ignorando as emoções, os vínculos e as afeições pessoais. Publicado em 1861 como uma série de três ensaios para o *Fraser's Magazine*, o *Utilitarismo* tinha como um de seus objetivos oferecer uma resposta aos que consideravam

1 Consultar, por exemplo, J. Plamenatz. *The English Utilitarians*. Oxford: Blackwell, 1949.
2 "A critique of utilitarianism". In: J. J. C. Smart e B. Williams (eds.). *Utilitarianism for and Against*. Cambridge: Cambridge University Press, 1973.

a doutrina, segundo os termos do próprio Stuart Mill, digna de "porcos" apenas. Tratava-se, então, por um lado, de apresentá-la de forma a poder incorporar as aspirações humanas estimadas como mais elevadas, permitindo assim o reconhecimento da multiplicidade e da variedade das fontes de felicidade de que a vida humana dispõe, e, por outro lado, de admitir na doutrina o papel desempenhado na ação moral pelas emoções e pelos sentimentos.

Assim, uma das preocupações de Stuart Mill é a de ampliar o significado da noção de felicidade, central para a doutrina, livrando-a das restrições impostas pela precisão almejada pelo utilitarismo de Jeremy Bentham, no interior do qual, aliás, o próprio Stuart Mill havia sido educado. A centralidade da noção de felicidade para o utilitarismo de Stuart Mill vincula-se não só a uma visão hedonista do bem humano, mas também a uma visão teleológica do raciocínio prático. Assim, de acordo com essa visão teleológica, ao estabelecer que a felicidade é o fim humano por excelência, Stuart Mill pretende estar determinando também o critério da moralidade, isto é, essa instituição humana deve ser avaliada e, se necessário, aperfeiçoada, pelo propósito a que está destinada. A definição de felicidade em termos de prazer e dor, própria da visão hedonista e apresentada logo no início do *Utilitarismo*, é elaborada no sentido de garantir que os prazeres associados a atividades intelectuais e morais como ler filosofia e ser solidário com os demais contribua mais para nossa felicidade do que os prazeres meramente físicos. A preocupação de Stuart Mill é como caracterizar essa maior contribuição que os prazeres estimados como mais elevados trariam para nossa felicidade. Na concepção de Bentham, que Stuart Mill se esforçará para ultrapassar, prazeres e dores poderiam ser medidos em termos de categorias como intensidade e duração, o que permitiria alinhá-los em uma escala cardinal que orientaria nossos juízos sobre a felicidade obtida. Ora, se aumentarmos a intensidade e a duração das qualidades prazerosas de uma experiência meramente física é legítimo pensar que o valor desta poderá ultrapassar o valor de uma experiência considerada mais elevada. Para evitar essa conclusão nada edificante para a doutrina, Stuart Mill negará a comensurabilidade de certos prazeres, traçando uma distinção qualitativa entre prazeres inferiores e superiores. O problema, apontado pelos comentadores, é como justificar essa distinção dentro do quadro de um hedonismo que explica o valor das experiências pela sua natureza prazerosa. Pergunta-se se essa distinção não obrigaria Stuart Mill a aceitar que os prazeres superiores são mais valiosos, não por serem mais prazerosos, mas por alguma outra razão (como a de realizar as potencialidades humanas daqueles que os experimentam) e, com isso, a renunciar aos aspectos hedonistas de sua filosofia moral.[3]

Assim, uma das questões que tem ocupado os intérpretes é a de saber até que ponto Stuart Mill, ao tentar enfrentar certas críticas ao utilitarismo, não teria ido além daquilo que seu ponto de partida hedonista permitia, pois, se a qualidade intrínseca de uma experiência (sua nobreza, sua profundidade, seu caráter intelectual, por exemplo) pode aumentar o prazer e, portanto, o valor dessa experiência para nossa felicidade, por que tal qualidade não poderia ser, em si mesma, uma propriedade que confere valor para nossas experiências, mesmo que estas não sejam prazerosas?

Na concepção de Stuart Mill, uma pessoa feliz é aquela que procura desenvolver seus talentos, refinar seus gostos e cultivar vínculos sociais. É essa concepção que, argumenta-se, pode não ser compatível com uma das principais teses utilitaristas — a de que as ações moralmente corretas são as que maximizam a felicidade. O valor que será concedido por Stuart Mill ao desenvolvimento e à excelência do caráter não ameaçaria destituir a felicidade como o critério supremo e único da ação moral? Stuart Mill argumentará que o florescimento das potencialidades humanas é parte da felicidade, traçando assim uma distinção de fundamental importância para ampliar o quadro conceitual da psicologia do utilitarismo: a distinção entre aqueles objetos e valores que constituem parte da felicidade e aqueles que são um meio para a felicidade. Stuart Mill tentará estabelecer a felicidade como o único bem, baseando-se no suposto fato de que tudo aquilo que é desejado por si mesmo é desejado porque é imaginado como

[3] Um autor como G. Scarre sugere que a adesão de Stuart Mill, no *Utilitarismo*, ao hedonismo de Bentham é menos uma questão de convicção pessoal do que uma concessão às expectativas de seus leitores. Cf. G. Scarre. *Utilitarianism*. Londres: Routledge, 1996, cap. V e VI.

algo prazeroso. Assim, podemos extrair prazer de um ato generoso que praticamos, mas não agimos dessa forma para obter esse prazer.

Entretanto seus intérpretes apontam que desejamos muitas coisas que não representamos como algo prazeroso, mas como algo que constitui parte de um outro fim que não a felicidade. Podemos, por exemplo, desejar aumentar o conhecimento de uma situação apenas porque valorizamos uma conduta autônoma, realizada com o conhecimento dos elementos relevantes da situação, e de nada adiantaria, talvez, dizer que esse conhecimento nos proporciona felicidade, pois, no caso em questão, o contentamento não significaria um estado de prazer mas apenas que não queríamos que as coisas ocorressem com a nossa ignorância.[4] Além disso, se uma qualidade como a excelência de caráter pode aumentar a nossa felicidade, é preciso que ela já seja estimada como algo que possui valor próprio, mas, nesse caso, ela seria digna de ser almejada independentemente da felicidade que pode gerar. De fato, como o aperfeiçoamento de nosso caráter nos poderia tornar felizes se já não fosse avaliado como um bem? Assim, indaga-se se o utilitarismo de Stuart Mill, ao tornar a felicidade o fim predominante da vida, ainda que tal felicidade inclua componentes variados que vão desde a satisfação física até a excelência do caráter, pode incorporar também o fato de que muitos fins que buscamos são valorizados intrinsecamente, e não apenas instrumentalmente, como fontes da felicidade e como razões para a ação.

Parte da dificuldade, e também do atrativo, dessa tentativa de superar o utilitarismo de Bentham, reside no esforço de Stuart Mill por conciliar diferentes tradições filosóficas.

Em um ensaio sobre Bentham publicado em 1838 na *London and Westminster Review*,[5] Stuart Mill impõe-se a tarefa de estender e diversificar a concepção geral de natureza humana e de vida própria à filosofia de seu mestre. A crítica ao legado de Bentham não obedece apenas as regras de uma evolução puramente intelectual, pois parece ser animada também por uma insatisfação muito maior que Stuart Mill sentia em relação à sua própria vida, formada e inspirada pelos preceitos utilitaristas. Em sua *Autobiografia*, Stuart Mill relata a

[4] Objeção analisada em J. Skorupski. *John Stuart Mill*. Londres: Routledge, 1991, pp. 300-1.
[5] Reeditado em *Mill on Bentham and Coleridge*. Londres: Chatto and Windus, 1967.

depressão nervosa que o acometeu no outono de 1826 e a súbita descoberta de que não havia nada em sua vida que realmente o atraía: "encontrando-me nessa situação espiritual ocorreu-me fazer a mim mesmo esta pergunta: 'Supõe que todas as tuas metas na vida tenham sido realizadas, que todas as transformações que persegues nas instituições e nas opiniões possam efetuar-se neste instante: seria isto motivo de grande felicidade e alegria para ti?' E minha consciência, sem poder se reprimir, respondeu-me claramente: 'Não!'. Neste momento, meu coração se abateu. Todo o fundamento sobre o qual minha vida estava construída havia sido derrubado. Toda minha vida estava baseada na busca contínua de uma meta e essa meta já não me atraía".[6] Na interpretação do próprio Stuart Mill, essa experiência seria sintomática das falhas do processo educativo a que foi submetido desde a infância. Orientado por seu pai, o economista e filósofo James Mill, e com o acompanhamento a distância de Bentham, Stuart Mill foi preparado para ser o porta-voz do credo utilitarista. Sua educação, toda ela conduzida por James Mill, para que o contato dispersivo com outras crianças fosse assim evitado, incluiu o aprendizado da língua grega aos 3 anos e a leitura dos diálogos de Platão aos 7. A ideia era formar uma mente analítica, atenta aos fatos e suficientemente crítica para não se deixar impressionar pelas convenções ou tradições. Na avaliação posterior da *Autobiografia*, esses hábitos analíticos foram eficazes para a dissolução e crítica dos preconceitos, mas, como não foram acompanhados pelo cultivo dos sentimentos, acabaram por corroer também as paixões e as virtudes: "Todos aqueles a quem eu admirava eram da opinião de que as maiores e mais seguras fontes da felicidade eram o prazer de simpatizar com os seres humanos e os sentimentos que faziam do bem dos demais e, especialmente, da humanidade, o objetivo da existência. Da verdade disso estava eu convencido; mas saber que esses sentimentos me tornariam feliz, caso eu os tivesse, não produzia em mim tais sentimentos. Minha educação (...) havia fracassado no momento de criar esses sentimentos com vigor suficiente para resistir à influência dissolvente da análise".[7]

[6] J. S. Mill. "Autobiography", in *Collected Works of J. S. Mill*, v. I. Toronto: University of Toronto Press, 1980, p. 139.

[7] "Autobiography", op. cit., p. 142.

Teria sido importante na superação dessa crise e no despertar das reações emocionais adormecidas, a leitura de autores românticos como Samuel T. Coleridge e William Wordsworth.

A tarefa de reformular o utilitarismo de Bentham vem orientada, justamente, por elementos que estariam presentes na filosofia moral e social de Coleridge, examinada num ensaio de 1840 para a mesma revista.

Aparentemente, segundo os termos do próprio Stuart Mill, essas duas "mentes seminais da Inglaterra", seriam "habitantes de mundos diferentes".[8] De um lado, Bentham, o inovador e "grande questionador das coisas estabelecidas", original em sua aplicação dos métodos científicos antecipados por Bacon, Hobbes, Hume e Locke, aos campos da moral e da política, incansável na demonstração até mesmo das verdades por todos reconhecidas e na arte de reduzir as noções gerais, as "vagas generalidades" propícias ao erro, aos fatos individuais que as constituem. Stuart Mill exemplifica esse procedimento na área em que teria rendido mais frutos, a das questões legais, onde Bentham tem o cuidado de provar porque ações consideradas criminosas são imorais e, ainda, a ousadia de submeter à crítica as respeitadas leis inglesas. De outro lado, Coleridge, que, se também estimulou a indagação filosófica das crenças e opiniões legadas pela tradição, o fez dentro de um espírito conservador, e cujas doutrinas epistemológicas recusam justamente a tradição empirista de Bacon e Locke, compartilhada por Bentham e pelo próprio Stuart Mill.

Na avaliação de Stuart Mill, o método de Bentham assegura precisão e clareza, mas não um conhecimento suficientemente compreensivo. O conteúdo das premissas que serão submetidas aos rigores do método analítico determinará os limites do conhecimento obtido. No campo da filosofia moral e política, o conhecimento prévio que o investigador dispõe a respeito das propriedades do homem e de sua situação no mundo constitui um limite que, para ser ultrapassado, exigirá certas qualidades mentais. Ora, Bentham, na avaliação de Stuart Mill, não possuía nem um conhecimento amplo o suficiente da natureza humana nem as qualidades necessárias

[8] Bentham, in *Mill on Bentham and Coleridge*, op. cit., p. 40.

para ampliá-lo: "O homem é concebido por Bentham como um ser suscetível de prazeres e dores, e governado, na sua conduta, em parte pelas diferentes modificações do autointeresse e pelas paixões comumente classificadas como egoístas e, em parte, pelas simpatias, ou ocasionalmente antipatias, em relação a outro seres. E aqui termina a concepção de natureza humana de Bentham (...). O homem nunca é reconhecido por ele como um ser capaz de buscar a perfeição espiritual como um fim; de desejar, em si mesmo, a conformidade de seu próprio caráter com seu padrão de excelência, sem esperar pelo bem ou temer pelo mal que pode advir de qualquer outra fonte além de sua própria consciência interior".[9]

E Bentham careceria daquilo que Stuart Mill chama de Imaginação, a faculdade graças a qual os seres humanos compreendem outros seres humanos, suas circunstâncias e seus sentimentos, faculdade essencial ao poeta, ao dramaturgo, ao historiador e também ao filósofo. Iniciando suas investigações como se nada fosse conhecido a respeito do tema em questão, Bentham tendia a "reconstruir toda a filosofia *ab initio*, sem referência às opiniões de seus predecessores".[10] Ora, no estado imperfeito em que se encontra a Ciência Social e Mental, é necessário, segundo Stuart Mill, cultivar "modos antagônicos de pensamento", levar em conta outras escolas e, sobretudo, a "mente coletiva da raça humana", patrimônio em que todos os pontos de vista parciais, condicionados pelas particularidades de condição e temperamento, estariam representados. Bentham, entretanto, desqualificava como "vagas generalidades" todas as especulações morais que não reconheciam o princípio de utilidade como o critério da moral.

O método de Coleridge permitirá, justamente, uma visão menos simplista da natureza humana. Pois enquanto o método de Bentham confronta as opiniões e valores recebidos a partir de um ponto de vista externo a elas, avaliando-as em sua verdade ou falsidade de acordo com o princípio da utilidade, o método de Coleridge pergunta pelo significado das opiniões, esforçando-se por examiná-las com os olhos daqueles que delas compartilham, propondo assim uma perspectiva

[9] Bentham, op. cit., p. 66.
[10] Bentham, op. cit., p. 57.

interna. Para Coleridge, a crença duradoura em uma doutrina era parte do problema a ser investigado, crença que pode ser indicativa, se não de alguma verdade contida na opinião ou valor, ao menos de sua adequação para satisfazer determinadas necessidades humanas.[11]

Stuart Mill tentará combinar o uso desses dois métodos que, no âmbito das questões morais e políticas ao menos, poderiam ser considerados, além de legítimos, complementares. Tratava-se então de combinar o uso do critério utilitarista que, de acordo com Bentham, avalia a moralidade das ações conforme a maximização da felicidade do maior número de pessoas (o balanço dos prazeres e dores causados), com uma concepção de natureza humana que, fiel aos ensinamentos de Coleridge, respeite as várias dimensões desta. Seria necessário assim, manter, por um lado, a exigência de um critério único que permita juízos comparativos sobre diversos fins e cursos de ação, momento em que prevalecerá o racionalismo de Bentham e a assimilação de uma teoria ética à estrutura de uma teoria científica tal como Stuart Mill entendia esta última: um corpo de proposições dedutivamente conectadas e sustentadas pelo menor número possível de leis. No caso da Ética, o princípio da maior felicidade do maior número sustentaria o edifício. Por meio desse princípio, nossas disposições valorativas tendem a ser avaliadas de acordo com seu valor instrumental para a felicidade geral, predominando assim o ponto de vista externo da consciência utilitarista. Por outro lado, seria necessário conservar o ponto de vista interno às crenças preconizado por Coleridge, isto é, o modo como entendemos nossas noções normais de valores, como bens que valem em si mesmos, independentemente de qualquer valor instrumental.

Em seu *Sistema de Lógica*, Stuart Mill elabora um quadro ampliado da conduta e da motivação humanas, onde a ação moral é apenas uma das esferas, e no interior do qual podem ser inseridas as reflexões elaboradas no *Utilitarismo*. A "Arte da Vida", que é como ele designa esse quadro, seria composta pela "Moral", pela "Estética" e pela "Conveniência". No ensaio sobre Bentham, essas esferas surgem, com denominações ligeiramente diferentes, como três aspectos da ação humana: o aspecto moral, que se dirige à nossa razão e consciência

[11] Coleridge, in *Mill on Bentham and Coleridge*, op. cit., p. 100.

e em que os termos de avaliação são o "certo" e o "errado", o aspecto estético, que se dirige à nossa imaginação e em que as ações podem ser admiráveis ou vis, e o aspecto simpático, que envolve nossos sentimentos de simpatia e compaixão e em que predominam termos como "amável" e "desagradável". Assim, "a moralidade de uma ação depende de suas consequências previsíveis; sua beleza e sua amabilidade, e as avaliações negativas correspondentes, dependem das qualidades que a ação evidencia".[12] Para citar o exemplo do próprio Stuart Mill: "A ação de Brutus ao condenar seus filhos era *certa*, porque ela executava assim, contra pessoas cuja culpa era indubitável, uma lei essencial à nação; era *admirável*, porque evidenciava um raro grau de patriotismo, coragem e autocontrole; mas nada havia de *amável* nela".[13] O risco, apontado por Stuart Mill, é o de aderir exclusivamente a uma dessas esferas, equívoco cometido por Bentham ao reduzir as duas últimas à esfera da Moral.

Entretanto, é discutível se o próprio Stuart Mill conferia autonomia a cada uma dessas esferas, já que a única coisa valiosa, como o capítulo 4 do *Utilitarismo* tentará mostrar, é a felicidade, que, dessa forma, se torna o fundamento do raciocínio prático em geral, e não apenas da moral. Isso sugere que os conflitos no interior dessas esferas e entre elas seriam resolvidos consultando-se o princípio de utilidade. Assim, situações em que os valores de nossa moralidade costumeira nos deixam em um dilema — por exemplo, manter a promessa de um encontro ou atender a um chamado urgente — poderiam ser resolvidas mediante o uso do princípio da utilidade, que nos orientaria no cálculo da ação moral. E quando se tratar de disputas relativas ao aspecto estético de uma ação, o critério supremo não será um valor puramente estético, mas a maximização da felicidade humana. Convém ressaltar ainda que o uso do princípio de utilidade não se limita a este. Para Stuart Mill, a moralidade costumeira não é algo inatacável. É certo que o conjunto de princípios que ela incorpora — não matar, não roubar etc. — e no qual fomos criados, estaria, em última análise, fundado no princípio de utilidade, ainda que isso não seja reconhecido. Mas ele não atribui nenhum valor especial a essa moralidade costumeira:

[12] Bentham, op. cit., p. 93

[13] Bentham, op. cit., p. 93.

"admito, ou melhor, sustento sem reservas (...) que o código ético recebido não é, de forma alguma, de direito divino; e que a humanidade tem ainda muito que aprender a respeito dos efeitos das ações sobre a felicidade geral".[14] E de fato Stuart Mill denunciou, por exemplo, em um pequeno texto intitulado *The Subjection of Women*, o teor sexista da moralidade costumeira, que condenava as mulheres a uma posição submissa, tanto na esfera privada como pública.

Mas, contestam os intérpretes, a reflexão sobre nossos princípios morais orientada pelo princípio de utilidade não ameaçaria esvaziar nossa vida moral, pelo menos da forma como essa vida aparece para a consciência moral do agente? Nossas noções de honestidade, amizade, lealdade ou justiça continuariam sendo as mesmas após termos refletido, orientados pelo princípio utilitarista, e compreendido que o valor dessas noções pode estar em algo para além delas? Nossa concepção de punição, por exemplo, não permite que inocentes sejam castigados, mesmo que isso evite males maiores. O utilitarismo de Stuart Mill pode até responder que sim, é injusta a punição de inocentes porque a insegurança assim gerada em relação à aplicação das normas não maximizaria a felicidade. Essa resposta utilitarista, entretanto, não alcançaria o fundo da objeção, pois consideraríamos injusta a punição de inocentes mesmo que isso promovesse a felicidade, simplesmente porque inocentes não merecem ser castigados e porque não admitimos usar as pessoas como instrumentos da felicidade geral. O utilitarismo não poderia assim reproduzir as razões que temos para condenar a punição de inocentes, não poderia reconhecer essas razões como parte de uma categoria moral última. O máximo que a análise utilitarista poderia fazer em relação a isso seria registrar essas razões como dados, como uma das nossas atitudes morais mais caras.[15]

Seja como for, é preciso levar em conta a distinção, traçada por Stuart Mill no capítulo 2, entre a regra ou o critério da ação moral e o motivo da ação: o utilitarismo de Stuart Mill pretende ser uma teoria da justificação moral, estabelecendo um critério do certo e do errado, e não uma teoria da deliberação moral que nos instruiria

[14] *Utilitarismo*, cap. 2, parágrafo 24.

[15] A objeção e a mencionada "saída" utilitarista podem ser encontradas em J. Skoruspski. *John Stuart Mill*, pp. 332-3.

como decidir quais as ações a serem realizadas.[16] Assim, no entender de Stuart Mill, o utilitarismo pode admitir qualquer motivação que maximize a felicidade, inclusive as de ordem emocional e sentimental. A confusão entre a regra e o motivo teria sido cometida, no entender de Stuart Mill, por A. Comte: "ele [A. Comte] cometeu o erro que é, com frequência, atribuído a toda a classe dos moralistas utilitaristas; ele exigia que o critério da conduta fosse também seu motivo exclusivo. Porque o bem da raça humana é o critério supremo do certo e do errado, e porque a disciplina moral consiste em cultivar a máxima repugnância possível em relação a todas as condutas injuriosas para o bem geral, o Sr. Comte infere que o bem dos outros é o único induzimento que deveríamos permitir para as nossas ações; e que deveríamos esforçar-nos por subjugar todos os desejos que se dirigem à nossa satisfação pessoal (...). A regra de ouro da moralidade, na religião do Sr. Comte, é o viver para os outros, 'vivre pour autrui' (...). O Sr. Comte é um homem moralmente intoxicado. Para ele, toda questão é uma questão de moralidade, e só o motivo da moralidade é permitido".[17] Assim, do ponto de vista daquele que reflete sobre as instituições que seriam justificáveis pelo princípio de utilidade, não faria sentido inculcar apenas o motivo da moralidade. Ao contrário, a felicidade do maior número pode ser aumentada se, em vez de buscarmos apenas o bem dos demais, buscarmos a nossa própria felicidade, desde que essa busca não prejudique os outros.

Convém levar em conta ainda que Stuart Mill se dirige a leitores que tomam a moral, que afinal pressupõe uma preocupação com os demais, a sério. Polemizar com aqueles que contestam a possibilidade de agirmos moralmente não faz parte das suas preocupações. Assim, ainda que o seu empenho em ampliar o quadro analítico do utilitarismo possa não ser plenamente satisfatório, é certo, para Stuart Mill, que nossa contribuição para a maior felicidade do maior número depende tanto de uma sincera adesão aos valores prescritos pela moralidade

[16] Distinção apresentada de forma clara por R. E. Bales. "Act Utilitarianism: Account of Right-Making Characteristics or Decision-Making Procedure?". In: *American Philosophical Quarterly*, 8, 1971.

[17] J. Stuart Mill. "Auguste Comte and Positivism". In: *Collected Works of J. S. Mill*, v. X. Toronto: University of Toronto Press, 1969, pp. 335-6

costumeira como de nossa capacidade para aperfeiçoá-la orientados pelo princípio da utilidade.

Mas quando se trata de assumir o ponto de vista do próprio agente, a atitude de Stuart Mill em relação à felicidade ganha certo sabor de renúncia, como a sugerir que só alcançaremos a felicidade se, paradoxalmente, renunciarmos a ela como a meta de nossas vidas. É o que nos ensina e nos exorta sua *Autobiografia*: "Só são felizes os que têm a mente fixada em algum objeto que não seja a sua própria felicidade: a felicidade de outros, a melhora da humanidade, ou, inclusive, alguma arte ou projeto que não se busque como um meio, mas como uma meta em si mesma ideal. Assim, apontando para outra coisa, encontra-se casualmente a felicidade. As satisfações da vida são suficientes para fazer dela algo prazeroso quando são tomadas *en passant*, sem fazer delas o objetivo principal. No momento em que lhes damos a máxima importância, percebemos imediatamente que são insuficientes. Não poderão sustentar-se se as submetemos a um exame rigoroso. Pergunta se és feliz e deixarás de sê-lo. A única opção é considerar, não a felicidade, mas algum outro fim externo a ela, como o propósito de nossa vida. Faze com que tuas reflexões, teu escrutínio e tua introspecção se esgotem nisso. E se tiveres a fortuna de vê-los rodeados por outras circunstâncias favoráveis, inalarás felicidade com o ar que respiras, sem deter-te a pensar nela, sem deixar que ocupe tua imaginação e sem afugentá-la com interrogações fatais. Essa teoria se converteu no fundamento de minha filosofia de vida. E todavia me aferro a ela, pois considero que é a melhor para todos aqueles que possuem um grau moderado de sensibilidade e de capacidade para o gozo, ou seja, para a grande maioria do gênero humano".[18]

[18] "Autobiography", op. cit., pp. 145-7.

O TEXTO DESTA EDIÇÃO

O texto usado nesta tradução é o da quarta edição do *Utilitarismo*, publicado em 1871, a última a ser revisada pelo próprio Stuart Mill. Traduzimos a partir do texto editado por Roger Crisp para a série Oxford Philosophical Texts (Oxford University Press, Oxford, 1998). Algumas notas mencionam as variações textuais que consideramos mais importantes entre a quarta edição e as anteriores.

SOBRE A TRADUÇÃO DE ALGUNS TERMOS

Morals, Ethics, Morality

Até onde pudemos perceber, esses termos são empregados indistintamente por Mill. Mas é preciso atentar para o fato de que a reflexão de Mill opera em dois planos distintos, ainda que essa distinção não venha marcada por uma diferença terminológica. Num deles, Mill está refletindo sobre a instituição da moral, isto é, analisando os princípios pelos quais deveríamos orientar nossa conduta; as expressões "the foundation of morality" ou "the foundation of morals" são típicas desse plano e procuramos traduzir sempre por: "o fundamento da moral". No outro plano, a análise de Mill situa-se no interior da moralidade, adotando a perspectiva das crenças morais específicas vigentes em uma cultura.

Right/Wrong; Good/Bad

Traduzimos os termos "right" e "wrong" por "certo" e "errado", esperando que tenha sido conservado o sentido moral desses termos do inglês, que sugerem a ideia de uma regra de conduta que é violada ou respeitada. Traduzir os termos "right" e "wrong" pelos termos "bom" e "mau" seria apostar numa sinonímia inexistente entre os pares "right/wrong" e "good/bad". Segundo E. Westermarck (em *The Origin and Development of the Moral Ideas*, Londres: Macmillan and Co., 1906, v. 1, cap. 6), há uma nuança importante no emprego dos termos "wrong" e "bad": "Enquanto 'bad' pode aplicar-se tanto ao caráter como à conduta de alguém, somente sua conduta pode ser chamada de 'wrong'". Convém lembrar que o foco da teoria moral de Mill é a conduta. Além disso, não é legítimo, segundo o mesmo Westermarck, identificar "good" e "right": "Consideramos certo (*right*) que um pai alimente seus filhos, no sentido de que ao alimentá-los ele cumpre um dever que lhe incumbe. Mas não dizemos que ao alimentá-los ele fez uma boa (*good*) ação, nem que ele é bom (*good*) porque os alimenta (...). A antítese entre certo (*right*) e errado (*wrong*) é, em certo sentido, contraditória; a antítese entre bom (*good*) e mau (*bad*) é contrária. Todo ato, desde que entre na esfera da avaliação moral positiva, que não é errado (*wrong*) é certo (*right*), mas todo ato que não é mau (*bad*) não é necessariamente bom (*good*)".

Expediency/Expedient

Em Mill, o termo "*Expedient*" designa a esfera da conduta em que os atos não são julgados de acordo com considerações estritamente morais, mas pelo que apresentam de amável ou desagradável. Traduzimos pelo termo "Conveniente", que conserva a ideia de algo que é apropriado, que fica bem, que é decente.

Worthiness

Para Mill, o termo "*worthiness*" designa o aspecto da ação humana que se dirige à nossa imaginação. No *Sistema de Lógica* é designado como a esfera Estética, que diz respeito ao belo ou nobre de nossas ações, isto é, a esfera em que as ações são julgadas admiráveis ou desprezíveis. Traduzimos por "Admirável", que evoca a ideia de algo que é excelente.

O UTILITARISMO

CAPÍTULO I

OBSERVAÇÕES GERAIS

Entre as circunstâncias que configuram o estado atual do conhecimento humano, poucas há que, como o pequeno progresso feito para solucionar a controvérsia relativa ao critério do certo e do errado, sejam tão inesperadas ou tão expressivas do atraso em que ainda se encontra a especulação sobre os temas mais importantes. Desde as origens da filosofia, a questão relativa ao *summum bonum* ou, em outros termos, relativa ao fundamento da moral, tem sido considerada como o principal problema do pensamento especulativo, ocupando os intelectos mais talentosos e dividindo-os em seitas e escolas que mantêm entre si uma intensa guerra. Mais de dois mil anos se passaram e as mesmas discussões continuam, os filósofos são ainda agrupados sob as mesmas bandeiras rivais e nem os pensadores nem a humanidade em geral parecem mais próximos da unanimidade em relação à questão do que quando o jovem Sócrates escutava o velho Protágoras e sustentava (se é que o diálogo de Platão se baseava em uma conversa real) a teoria do utilitarismo contra a moralidade popular do assim chamado sofista.

É verdade que há confusão e incerteza similares, e, em alguns casos, uma discordância análoga, em relação aos primeiros princípios de todas as ciências, sem exceção daquela que é considerada a mais certa de todas, a matemática; sem que isso prejudique muito e, em geral, sem que de fato prejudique em nada a confiabilidade das conclusões dessas ciências. Essa aparente anomalia se explica assim: as doutrinas de uma ciência, em seus detalhes, não são habitualmente deduzidas nem dependem, para sua evidência, dos seus chamados primeiros princípios. De outra forma, não haveria ciência mais precária, ou cujas conclusões fossem derivadas de um modo mais insuficiente, do que a álgebra, ciência que não deriva sua certeza do que é normalmente ensinado aos seus aprendizes como seus elementos, já que estes, conforme o estabelecido por alguns de seus mais eminentes mestres, possuem tantas ficções quanto a lei inglesa e tantos mistérios quanto a teologia. As verdades aceitas em última instância como os primeiros princípios de uma ciência são, na realidade, os resultados finais da análise metafísica praticada sobre as noções elementares de que trata a ciência. A relação que os primeiros princípios mantêm com a ciência não é aquela que se dá entre as fundações e o edifício mas aquela que se dá entre as raízes e a árvore: estas podem desempenhar sua tarefa igualmente bem, ainda que nunca tenham sido desenterradas ou expostas à luz. Mas, ainda que na ciência as verdades particulares precedam a teoria, é de se esperar que o contrário ocorra com uma arte prática, tal como a moral ou a legislação. Toda ação é realizada em vista de um fim e, assim, parece natural supor que as regras de ação recebam todas as suas características e feições do fim a que estão subordinadas. Quando estamos empenhados em uma busca, uma concepção clara e precisa do que estamos buscando parece ser a primeira coisa de que necessitamos e não a última que seria preciso considerar. Um critério do certo e do errado deve necessariamente ser o meio, poder-se-ia pensar, de determinar o que é certo ou errado, e não uma consequência de já tê-lo determinado previamente.

A dificuldade não é evitada recorrendo-se à popular teoria de uma faculdade natural, um sentido ou instinto que nos instruiria a respeito do certo e do errado. Pois, além da existência de um tal instinto moral ser ela mesma uma das questões em disputa, aqueles que acreditam nesse instinto e que têm quaisquer pretensões filosóficas foram obrigados a abandonar a ideia de que ele discerne o que é certo ou errado nos casos particulares que se apresentam, como os nossos outros sentidos discernem os objetos visíveis ou os sons realmente existentes. Nossa faculdade moral, de acordo com todos os intérpretes dignos do nome de pensadores, proporciona unicamente os princípios gerais dos juízos morais. Essa faculdade é parte de nossa razão, não de nossa faculdade de sentir, e deve ser consultada quando se trata das doutrinas abstratas da moral, e não quando se trata da sua percepção nos casos concretos. Tanto a escola intuitiva de Ética como aquela que pode ser chamada de indutiva insistem na necessidade de leis gerais. Ambas concordam que a moralidade de uma ação individual não é uma questão de percepção direta, mas de aplicação de uma lei a um caso individual. Elas admitem também, em grande medida, as mesmas leis morais, mas diferem quanto à evidência e quanto às fontes a partir das quais estas derivam sua autoridade. De acordo com uma doutrina, os princípios da moral são evidentes *a priori*, exigindo apenas, para impor assentimento, que o significado de seus termos seja entendido. De acordo com a outra doutrina, o certo e o errado, assim como o verdadeiro e o falso, são questões de observação e experiência. Mas ambas sustentam que a moralidade deve ser deduzida de princípios e tanto a escola intuitiva como a indutiva afirmam, com a mesma veemência, que há uma ciência da moral. Entretanto, elas raramente tentam estabelecer uma lista dos princípios *a priori* que devem servir como as premissas da ciência e é ainda mais raro que façam qualquer esforço para reduzir esses vários princípios a um único primeiro princípio ou fundamento comum da obrigação. Elas ou assumem a autoridade *a priori* dos preceitos ordinários da moral ou estabelecem, como o fundamento comum dessas máximas, alguma generalidade cuja autoridade é muito menos óbvia do que as próprias máximas e que nunca conseguiu obter a aceitação popular. Mas para que suas pretensões sejam sustentáveis deve haver, na base de toda a moralidade, um único princípio ou lei fundamental ou, caso haja vários, deve haver uma ordem de precedência determinada entre eles; e o princípio único ou regra para decidir entre os vários princípios quando estes entram em conflito deve ser autoevidente.

Investigar até que ponto os efeitos perniciosos dessa deficiência foram atenuados na prática ou em que medida as crenças morais da humanidade foram alteradas ou tornadas incertas pela ausência de qualquer identificação clara de um critério supremo, implicaria um exame crítico completo das doutrinas éticas do passado e do presente. Mas seria fácil mostrar que, se essas crenças morais atingiram alguma consistência ou estabilidade, isso ocorreu graças, principalmente, à influência tácita de um critério não reconhecido. É certo que a inexistência de um primeiro princípio reconhecido fez da ética menos um guia do que a consagração dos sentimentos efetivos dos homens, mas, ainda assim, como os sentimentos humanos, os favoráveis e os desfavoráveis, são em grande parte influenciados por aquilo que os homens supõem serem os efeitos das coisas sobre sua felicidade, o princípio de utilidade ou, como Bentham designou-o recentemente, o princípio da maior felicidade, teve grande papel na formação das doutrinas morais, mesmo daquelas cujos proponentes rejeitam, com todo o desprezo, a sua autoridade. Além disso, não há escola de pensamento que se recuse a admitir que a influência das ações sobre a felicidade é, no que se refere a muitos detalhes da moral, a consideração mais importante e até mesmo a predominante, por mais que a escola relute em aceitar essa influência como o princípio fundamental da moral e como a fonte da obrigação moral. Eu poderia ir além e dizer que os argumentos utilitaristas são indispensáveis para todos aqueles moralistas *a priori* que consideram necessário argumentar de alguma forma. Não é meu propósito aqui criticar esses pensadores, mas não posso deixar de me referir, como ilustração, a um tratado sistemático de um dos mais ilustres dentre eles, a *Metafísica dos costumes* de Kant. Esse notável homem, cujo sistema de pensamento seguirá sendo, por muito tempo, um marco na história da especulação filosófica, estabelece, no tratado em questão, um primeiro princípio universal como a origem e o fundamento da obrigação moral. Diz assim: "Age de tal modo que a regra segundo a qual agiste possa ser adotada como lei por todos os seres racionais". Mas quando ele começa a deduzir desse preceito quaisquer dos deveres reais da moralidade, fracassa, de modo quase grotesco, na demonstração de que haveria qualquer contradição, qualquer impossibilidade lógica (para não dizer física), na adoção, por todos os seres racionais, das mais ultrajantes regras imorais de conduta. Tudo o que ele demonstra é que as *consequências* de sua adoção universal seriam tais que ninguém optaria por expor-se a elas.

Nesta ocasião tentarei, sem mais discussões de outras teorias, contribuir um pouco para o entendimento e apreciação da teoria Utilitarista ou da Felicidade, bem como para a prova de que é suscetível. É evidente que não se trata de prova no sentido ordinário e popular do termo. As questões relativas aos fins últimos não são suscetíveis de prova direta. O que quer que possa ser provado como bom deve sê-lo, necessariamente, mostrando-se que é um meio para algo que se admite, sem prova, como bom. Prova-se que a arte médica é boa por proporcionar a saúde; mas como é possível provar que a saúde é boa? A arte musical é boa por, entre outras razões, produzir prazer; mas que prova é possível oferecer de que o prazer é bom? Assim, se afirmarmos que há uma fórmula compreensiva incluindo todas as coisas que são em si mesmas boas e que toda outra coisa boa o é não como um fim, mas como um meio, a fórmula poderá ser aceita ou rejeitada, mas não estará sujeita ao que normalmente se entende por prova. Entretanto, não se deve inferir que sua aceitação ou rejeição dependa, necessariamente, de um impulso cego ou de uma escolha arbitrária. Há um sentido mais amplo do termo prova em que essa questão, assim como quaisquer outras questões controversas da filosofia, são suscetíveis de prova. O tema é da competência da faculdade racional e esta não o trata unicamente por meio da intuição. Podem ser apresentadas considerações que induzam a inteligência a dar ou recusar seu assentimento à doutrina e isso equivale a uma prova.

Examinaremos em breve a natureza dessas considerações, de que maneira elas se aplicam ao caso e que fundamentos racionais, portanto, podem ser dados para aceitar ou rejeitar a fórmula utilitarista. Mas, para a aceitação ou rejeição racionais, é uma condição prévia que a fórmula seja corretamente entendida. Acredito que a noção imperfeita ordinariamente formada a respeito do significado dessa fórmula é o principal obstáculo que impede sua recepção, e que, caso ela possa ser elucidada, ainda que afastando-a somente dos equívocos mais grosseiros, a questão seria bastante simplificada, assim como removida uma grande parte de suas dificuldades. Portanto, antes de tentar adentrar nos fundamentos filosóficos que podem ser dados para a aceitação do critério utilitarista, oferecerei algumas ilustrações da própria doutrina, para mostrar mais nitidamente o que ela é, distinguindo-a do que ela não é e livrando-a das objeções práticas que, ou se originam, ou estão intimamente conectadas com as interpretações errôneas de seu significado. Preparado assim o terreno, tentarei, tanto quanto puder, lançar luz sobre a questão, considerando-a como pertencente à teoria filosófica.

CAPÍTULO II

O QUE É O UTILITARISMO

Não merece mais do que um breve comentário a equivocada ignorância de supor que os que sustentam a utilidade como critério do certo e do errado usam o termo no sentido restrito e meramente coloquial que opõe utilidade ao prazer. Devemos desculpas aos adversários mais serenos do utilitarismo, por darmos a impressão de confundi-los, ainda que momentaneamente, com pessoas capazes de formular aquela absurda concepção errônea. Algo que se torna ainda mais surpreendente quando se considera que a acusação contrária, a de referir tudo ao prazer e à forma mais grosseira deste, é mais uma das que comumente pesam contra o utilitarismo. Como bem salientou um competente autor, o mesmo tipo de pessoas e, frequentemente, as mesmas pessoas, denunciam a teoria "como impraticavelmente austera quando a palavra 'utilidade' precede a palavra 'prazer' e excessivamente prática, em razão de seu caráter voluptuoso, quando a palavra 'prazer' precede a palavra 'utilidade'". Aqueles que conhecem algo sobre a questão estão cientes: todos os autores, de Epicuro a Bentham, que sustentaram a teoria da utilidade entendiam por utilidade não algo que devesse ser contraposto ao prazer, mas o próprio prazer e a ausência de dor. Longe de oporem o útil ao agradável ou ao ornamental, tais autores sempre declararam que o útil significa essas coisas entre outras. Porém, a massa popular e a massa dos autores que escrevem não apenas em jornais e periódicos mas em livros de pretensão e peso, comete incessantemente esse erro superficial. Tendo-se apoderado da palavra 'utilitarista' sem nada saber a seu respeito além do som, expressam habitualmente por meio dela a rejeição ou a indiferença ao prazer em alguma das suas formas: beleza, ornamento ou diversão. Além disso, o termo não é aplicado dessa forma ignara apenas para depreciar, mas, ocasionalmente, também para lisonjear: como se implicasse superioridade em relação à frivolidade e aos meros prazeres do momento. Esse uso deturpado é o único pelo qual a palavra é popularmente conhecida e pelo qual a nova geração está adquirindo a noção de seu significado. Aqueles que introduziram a palavra, mas que, durante muitos anos, descartaram-na como uma designação característica, podem se sentir convocados a recuperá-la se assim procedendo esperam dar alguma contribuição para resgatá-la de sua completa degradação.[1]

A doutrina que aceita a Utilidade ou o Princípio da Maior Felicidade como o fundamento da moral, sustenta que as ações estão certas na medida em que elas tendem a promover a felicidade e erradas quando tendem a produzir o contrário da felicidade. Por felicidade entende-se prazer e ausência de dor, por infelicidade, dor e privação de prazer. Muito mais precisaria ser dito para dar uma ideia clara do critério moral estabelecido pela teoria, em particular a respeito das coisas que ela inclui nas ideias de dor e prazer e em que medida deixa isso como uma questão aberta. Mas essas explicações suplementares não afetam a teoria da vida na qual se funda esta teoria da moralidade, a saber, que o prazer e a ausência de dor são as únicas coisas desejáveis como fins, e que todas as coisas desejáveis (que são tão numerosas no esquema utilitarista como em qualquer outro) são desejáveis, seja pelo prazer inerente a elas, seja como meios para promover o prazer e prevenir a dor.

Ora, uma tal teoria da vida provoca profunda aversão em muitas mentes, e em algumas das mais estimáveis em sentimentos e propósitos. Supor que a vida não tenha, para usar suas expressões, nenhum fim mais elevado do que o prazer, nenhum objeto melhor e mais nobre

[1] O autor deste ensaio tem razões para acreditar ter sido o primeiro a pôr a palavra "utilitarista" em circulação. Ele não a inventou, mas adotou-a de uma expressão incidental do *Annals of Parish* do Sr. Galt.* Após usá-la, por vários anos, como uma designação, esse autor e outros abandonaram-na devido à crescente aversão a tudo que se parecesse com um lema ou rótulo distintivos de uma seita. Entretanto, como designação de uma única posição e não de um conjunto de posições — para denotar o reconhecimento da utilidade como um critério, sem com isso designar qualquer modo particular de aplicá-lo — o termo satisfaz uma necessidade linguística e oferece, em muitos casos, um modo conveniente de evitar circunlóquios enfadonhos. (N.A.)

* Mill está se referindo à novela de John Galt, publicada em 1821. (N.T.)

de desejo e busca, seria algo absolutamente vil e baixo, uma doutrina digna apenas do porco, com o qual os seguidores de Epicuro foram, há muito tempo, comparados com desprezo. Ocasionalmente, os modernos adeptos da doutrina são vítimas de comparações igualmente polidas por parte de seus antagonistas alemães, franceses e ingleses.

Quando assim atacados, os epicuristas sempre replicavam que não eram eles, mas seus acusadores, que representavam a natureza humana sob uma ótica degradante, pois a acusação supõe que os seres humanos não são capazes de experimentar outros prazeres além daqueles de que o porco é capaz. Se essa suposição fosse verdadeira, a acusação não poderia ser negada, mas, então, deixaria de ser uma acusação, pois, se as fontes de prazer forem precisamente as mesmas para o ser humano e para o porco, a regra de vida que é suficientemente boa para um seria suficientemente boa para o outro. A comparação da vida epicurista com a das bestas é sentida como degradante justamente porque os prazeres de uma besta não satisfazem as concepções humanas de felicidade. Os seres humanos têm faculdades mais elevadas do que os apetites animais e, uma vez conscientes dessas faculdades, não consideram como felicidade algo que não inclua a gratificação delas. De fato, não considero que os epicuristas procederam de modo irrepreensível quando extraíram, do princípio utilitarista, seu sistema de consequências. Para fazê-lo de maneira adequada, muitos elementos estoicos e cristãos precisariam ser incluídos. Mas não se conhece nenhuma teoria epicurista da vida que não atribua um valor mais elevado aos prazeres do intelecto, dos sentimentos, da imaginação e dos sentimentos morais do que aos prazeres da mera sensação. Deve-se admitir, entretanto, que a generalidade dos autores utilitaristas atribuiu a superioridade dos prazeres mentais em relação aos corporais principalmente à maior estabilidade, maior segurança, menor custo, etc., dos primeiros, isto é, mais às suas vantagens circunstanciais do que à sua natureza intrínseca. Em relação a todos esses pontos, os utilitaristas provaram satisfatoriamente o que defendiam, mas eles poderiam ter adentrado, sem com isso perder a consistência, naquele outro terreno, que pode ser qualificado de mais elevado. É plenamente compatível com o princípio da utilidade reconhecer o fato de que alguns *tipos* de prazer são mais desejáveis e mais valiosos do que outros. Seria absurdo supor que a avaliação dos prazeres deva depender apenas da quantidade, enquanto na avaliação das outras coisas se leva em conta tanto a qualidade quanto a quantidade.

Caso me perguntem o que quero dizer com diferença de qualidade entre os prazeres, ou o que torna um prazer, apenas na condição de prazer, mais valioso do que outro, independentemente da sua superioridade quantitativa, há apenas uma resposta possível. Entre dois prazeres, se houver um ao qual todos, ou quase todos, os que experimentaram ambos dão uma decidida preferência, independente de qualquer sentimento de obrigação moral para preferi-lo, é esse o prazer mais desejável. Se aqueles familiarizados, de modo competente, com ambos os prazeres, consideram um deles tão superior ao outro que o preferem mesmo sabendo que ele será acompanhado por uma maior soma de dissabores, e se não renunciam a ele em troca de qualquer quantidade do outro prazer que sua natureza é capaz de experimentar, então, estamos justificados em atribuir ao gozo preferido uma qualidade superior que excede de tal modo a quantidade que esta se torna, em comparação, pouco importante.

Ora, é um fato inquestionável que aqueles que estão igualmente familiarizados com os dois gêneros de vida e que são igualmente capazes de apreciá-los e gozá-los, revelam uma preferência muito acentuada pelo gênero que emprega suas faculdades mais elevadas. Poucas criaturas humanas consentiriam em serem transformadas em animais inferiores ante a promessa do mais completo desfrute dos prazeres de uma besta. Nenhum ser humano inteligente consentiria em ser um tolo, nenhuma pessoa instruída em ser ignorante, nenhum homem com sentimento e consciência em ser um egoísta e ignóbil, mesmo que estivessem persuadidos de que o néscio, o bronco e o biltre estão mais satisfeitos com o seu destino do que eles com o seu. Eles não renunciariam ao que possuem a mais do que os outros em troca da plena satisfação de todos os desejos que possuem em comum. Se imaginam que o fariam, é apenas em casos de infelicidade tão extrema que, para escapar dela, trocariam seu destino por quase qualquer outro, por mais desagradável que fosse aos seus olhos. Um ser com faculdades superiores exige mais para ser feliz, está provavelmente sujeito a sofrimentos mais agudos e é, certamente, suscetível a tais sofrimentos em mais ocasiões do que um ser de tipo inferior. Mas, a despeito dessas suscetibilidades, ele nunca pode realmente desejar decair no que ele considera ser um grau mais baixo de existência. Podemos dar, para essa relutância, a explicação que nos agradar. Podemos atribuí-la ao orgulho, nome dado indiscriminadamente tanto para alguns dos sentimentos mais estimáveis de que a humanidade é capaz como para alguns dos menos estimáveis. Podemos atribuí-la ao amor pela liberdade e pela independência pessoal, recurso que era, entre os estoicos, um dos meios mais eficazes para a inculcação dessa relutância, ou, ainda, ao amor pelo potência ou pela exaltação, que estão realmente incluídas nela e para ela contribuem. Mas a designação mais apropriada é aquela que se refere a um sentido de dignidade, algo que todos os seres humanos possuem de uma forma ou de outra e que mantém alguma proporção, ainda que não exata, com suas faculdades mais elevadas. Naqueles em quem esse sentido é forte, ele constitui uma parte tão essencial da felicidade que nada que se lhe oponha poderia ser, a menos que momentaneamente, um objeto de desejo. Quem supõe que essa preferência sacrifica a felicidade — que o ser superior, em circunstâncias iguais, não é mais feliz do que o inferior — confunde duas ideias muito diferentes, a de felicidade e a de satisfação. É indiscutível que um ser cujas capacidades de gozo são inferiores tem maior chance de satisfazê-las plenamente, e que um ser altamente dotado sempre sentirá que, tal como o mundo está constituído, toda a felicidade a que puder aspirar será imperfeita. Mas ele pode aprender a suportar essas imperfeições, se forem mesmo suportáveis, e, assim, elas não o farão invejar o ser que de fato é inconsciente delas, mas que o é apenas porque não sente todo o bem que as imperfeições qualificam. É melhor ser um ser humano insatisfeito do que um porco satisfeito, é melhor ser um Sócrates insatisfeito do que um tolo satisfeito. Caso o tolo ou o porco forem de opinião diferente, é porque conhecem apenas seu próprio lado da questão. A outra parte conhece os dois lados para fazer a comparação.

Pode-se objetar que muitas pessoas capazes de usufruir dos prazeres mais elevados acabam, ocasionalmente e sob a influência da tentação, por preteri-los em favor dos mais baixos. Mas isso é totalmente compatível com o pleno reconhecimento da superioridade intrínseca dos prazeres mais elevados. Os homens, frequentemente, elegem, devido à fraqueza de caráter, o bem mais próximo, mesmo sabendo que é o menos valioso e, isso, não apenas quando se trata de escolher entre dois prazeres corporais mas também quando se trata de escolher entre um corporal e um mental. Procuram indulgências sensuais que prejudicam a saúde, mesmo estando perfeitamente cientes de que a saúde é um bem maior. Pode-se objetar ainda que muitos que, no início, revelavam um entusiasmo juvenil por tudo o que é nobre decaíram, com o avanço dos anos, na indolência e no egoísmo. Entretanto, não acredito que aqueles que sofreram essa mudança muito comum escolheram, voluntariamente, o gênero inferior de prazeres de preferência ao mais elevado. Acredito que antes de se devotarem exclusivamente ao primeiro gênero, já se tinham tornado incapazes para o segundo. Na maioria dos caracteres, a capacidade para os sentimentos mais nobres é uma planta muito frágil, que pode ser facilmente destruída, não apenas pelas influências hostis, como também pela mera falta de alimento. Na maioria dos jovens, essa capacidade definha rapidamente se as ocupações impostas por sua posição na vida e o meio social no qual essa posição o lançou não são favoráveis para manter em exercício as capacidades mais elevadas. Os homens perdem suas aspirações mais altas assim como perdem seus gostos intelectuais, isto é, por não terem tempo ou oportunidade para dedicar-se a eles. Eles se entregam a prazeres inferiores, não porque os preferem deliberadamente, mas, ou porque são os únicos aos quais têm acesso, ou porque são os únicos de que ainda podem gozar. Pode-se perguntar se alguém que se manteve igualmente suscetível às duas classes de prazeres, jamais preferiu, com consciência e serenidade, os prazeres inferiores, ainda que muitos, em todas as épocas, se tenham esgotado em um inútil esforço para combiná-los.

Considero inapelável esse veredito pronunciado pelos únicos juízes competentes. Quando se trata de saber qual, entre dois prazeres, vale mais a pena ter, ou, entre dois modos de existência, qual é o mais aceitável para os sentimentos, à parte seus atributos morais e suas consequências, devemos admitir como definitivo o julgamento daqueles que estão qualificados pelo conhecimento de ambos ou, caso haja divergência, o julgamento da maioria. Não é preciso hesitar em aceitar esse julgamento a respeito da qualidade dos prazeres, já que mesmo na questão relativa à quantidade não há nenhum outro tribunal a que se possa recorrer. Quais são os meios para determinar qual é a mais aguda de duas dores, ou a mais intensa de duas sensações de prazer, exceto o sufrágio daqueles que estão familiarizados com ambas? Nem as dores nem os prazeres são homogêneos, e a dor é sempre heterogênea em relação ao prazer. O que há para decidir se um determinado prazer vale ser obtido ao preço de uma dor particular, senão os sentimentos e o juízo daqueles que os experimentaram? Quando, portanto, os sentimentos e o juízo declaram que, à parte a questão da intensidade, os prazeres derivados das faculdades mais elevadas são preferíveis, *em qualidade*, àqueles a que a natureza animal, afastada das faculdades mais elevadas, é suscetível, eles merecem, sobre este tema, o mesmo crédito.

Insisti neste ponto por ser parte necessária de uma concepção plenamente adequada da Utilidade ou Felicidade, considerada como a regra diretora da conduta humana. Mas essa parte não é, de forma alguma, uma condição indispensável para a aceitação do critério utilitarista. Pois esse critério não é o da maior felicidade do próprio agente, mas o da maior soma de felicidade geral; e se é possível duvidar que um caráter nobre possa ser sempre o mais feliz por sua nobreza, não pode haver dúvida de que ele torna outras pessoas mais felizes e de que o mundo em geral ganha imensamente com isso. O Utilitarismo, portanto, somente poderia alcançar os seus fins mediante o cultivo geral da nobreza de caráter, mesmo que cada indivíduo fosse beneficiado apenas pela nobreza dos outros e a parte de cada um, no que se refere à felicidade, fosse uma pura consequência do benefício. Mas a mera enunciação de um absurdo como este último torna supérflua a refutação.

De acordo com o Princípio Da Maior Felicidade, tal como exposto acima, o fim último, com referência ao qual e pelo qual todas as outras coisas são desejáveis (quer consideremos o nosso próprio bem ou o de outras pessoas), é uma existência tão isenta quanto possível de dor e tão rica quanto possível de gozos, tanto do ponto de vista da quantidade como da qualidade. A prova de qualidade e a regra para medi-la em relação à quantidade é a preferência sentida por aqueles que, pelas suas oportunidades de experiência, às quais se devem acrescentar seus hábitos de autorreflexão e auto-observação, estão mais bem dotados dos meios de comparação. Posto que esse é, de acordo com o ponto de vista utilitarista, o fim da ação humana, constitui também, necessariamente, o critério da moral. Esse critério pode então ser definido como as regras e preceitos para a conduta humana cuja observância permite que uma existência tal como aquela descrita seja, na maior medida possível, assegurada a todos os homens; e não aos seres humanos apenas mas, tanto quanto a natureza das coisas permitir, a todas as criaturas dotadas de sensibilidade.

Contra essa doutrina surge, entretanto, outra classe de opositores dizendo que a felicidade não pode ser, em qualquer de suas formas, o propósito racional da vida e da ação humanas. Em primeiro lugar, porque é inalcançável; e esses opositores indagam, desdenhosamente: que direito tens de ser feliz? Questão essa que o Sr. Carlyle[2] aprofunda acrescentando: que direito tinhas, há pouco tempo atrás, até mesmo de *existir*? Em segundo lugar, eles dizem que os homens podem passar *sem* a felicidade, que todos os seres humanos nobres assim sentiram e que não poderiam ter-se tornado nobres sem o aprendizado da lição de *Entsagen* ou renúncia. Lição essa que, inteiramente aprendida e aceita, eles consideram ser o início e a condição necessária de toda virtude.

Caso estivesse bem fundamentada, a primeira dessas objeções iria à raiz da questão, pois se os seres humanos não podem ter felicidade alguma, a consecução desta não pode ser o fim da moral nem de qualquer conduta racional. Porém, mesmo nesse caso, algo ainda pode ser dito a favor da teoria utilitarista, já que a utilidade inclui não apenas a busca da felicidade, mas a prevenção ou mitigação da infelicidade; e se a primeira for quimérica, maior será o alcance e mais imperativa a necessidade da segunda, pelo menos enquanto a humanidade considerar adequado viver e não recorrer ao ato coletivo do suicídio, recomendado em certas circunstâncias por Novalis. Mas quando se afirma assim, de modo peremptório, que a vida humana

[2] A referência é a *Sartor Resartus*, obra de Thomas Carlyle (1795-1881) publicada em 1836. (N.T.)

não pode ser feliz, a asserção, se não for um tipo de jogo verbal, é no mínimo um exagero. Se por felicidade se entender um estado contínuo de exaltação altamente prazeroso, é evidente então sua impossibilidade. Um estado de prazer exaltado dura apenas alguns momentos ou, por vezes, e com algumas interrupções, horas ou dias, constituindo apenas o radiante brilho momentâneo do gozo, não sua chama permanente e estável. Os filósofos que ensinaram que a felicidade é a finalidade da vida estavam tão conscientes disso como os que deles escarneceram. A felicidade a que se referiam não era a de uma vida de êxtase, mas de momentos de êxtase em uma existência feita de poucas e passageiras dores, de muitos e variados prazeres, com nítida predominância do ativo sobre o passivo, e tendo como fundamento do conjunto o não esperar da vida mais do que ela pode dar. Uma vida assim constituída sempre pareceu, àqueles que foram suficientemente venturosos para dela desfrutar, digna do nome de felicidade. Semelhante existência é, mesmo agora, o destino de muitos durante parte considerável de suas vidas. A miserável educação atual e os míseros arranjos sociais são os únicos obstáculos reais para que ela seja alcançável por quase todos.

Os opositores talvez duvidem que os seres humanos, uma vez ensinados a considerar a felicidade como a finalidade da vida, possam satisfazer-se com uma parte tão moderada dela. Mas um grande número de seres humanos se contentou com muito menos. Parece que são dois os principais elementos de uma vida satisfeita, ambos sendo, por si mesmos, muitas vezes suficientes para aquela finalidade: tranquilidade e excitação. Com bastante tranquilidade, muitos consideram que podem contentar-se com pouquíssimo prazer; com bastante excitação, muitos podem conformar-se com uma considerável quantidade de dor. Não há seguramente nenhuma impossibilidade intrínseca em tornar os homens, até mesmo a totalidade dos homens, capazes de unir ambos os elementos, pois estes estão tão longe de serem incompatíveis que se apresentam naturalmente unidos, sendo o prolongamento de qualquer um deles uma preparação e suscitando um desejo pelo outro. Apenas aqueles para quem a indolência equivale a um vício não desejam excitações após um intervalo de repouso; apenas aqueles para quem a necessidade de excitação é uma doença sentem a tranquilidade que a segue enfadonha e insípida, em vez de a considerarem agradável na mesma proporção da excitação que a precedeu. Quando as pessoas medianamente afortunadas com relação aos bens externos não encontram na vida satisfação suficiente para torná-la valiosa, a causa geralmente está em se preocuparem apenas com elas mesmas. Para aqueles que não têm afeições públicas nem privadas, os estímulos da vida são muito reduzidos e, de qualquer modo, mínguam em valor ao aproximar-se o tempo em que todos os interesses egoístas devem, necessariamente, findar com a morte; em contrapartida, os que deixam atrás de si objetos de afeição pessoal, e especialmente os que cultivaram um sentimento de simpatia pelos interesses coletivos da humanidade, mantêm, às vésperas da morte, um interesse tão intenso pela vida como quando possuíam o vigor da juventude e da saúde. Após o egoísmo, a principal causa que torna a vida insatisfatória é a falta de cultura intelectual. Uma inteligência cultivada — não me refiro à de um filósofo, mas a qualquer mente para quem as fontes de conhecimento estiveram abertas e que tenha sido ensinada, em um grau razoável, a exercer suas faculdades — encontra fontes de inesgotável interesse em tudo o que a cerca: nas coisas da natureza, nas realizações da arte, nas criações da poesia, nos eventos da história, nos costumes presentes e passados da humanidade e em suas perspectivas futuras. É possível, de fato, tornar-se indiferente a tudo isso sem que sua milésima parte tenha sido esgotada, mas isso ocorre apenas quando não se manteve, desde o início, qualquer interesse moral ou humano nessas coisas, e quando se buscou nelas apenas a satisfação da curiosidade.

Ora, não há, na natureza das coisas, razão alguma pela qual uma cultura intelectual suficiente para permitir um interesse inteligente por esses objetos de contemplação não possa ser a herança de todos aqueles nascidos em um país civilizado. Como tampouco há uma necessidade intrínseca de que todo ser humano seja um egoísta interesseiro e desprovido de todo sentimento e preocupação que não se centre em sua própria individualidade miserável. Mesmo hoje, algo muito superior a isso é suficientemente comum para conferir abundante garantia com respeito ao que a espécie humana pode vir a ser. Todo ser humano convenientemente educado é capaz, ainda que em graus diferentes, de genuínas afeições particulares e de um sincero interesse pelo bem público. Num mundo em que há tanto para se interessar, tanto para usufruir e tanto também para corrigir e melhorar, todo aquele que possuir essa proporção moderada de requisitos morais e intelectuais pode desfrutar de uma existência que é permitido chamar de invejável; e a menos que se negue a tal pessoa, por meio de más leis ou da sujeição à vontade de outros, a liberdade de usar as fontes de felicidade ao seu alcance, ela não deixará de encontrar essa existência invejável, contanto que se livre dos males indiscutíveis da vida, das grandes fontes de sofrimento físico e mental — tais como a indigência, a doença, a crueldade, a vileza ou a perda prematura de objetos de afeição. O fulcro do problema reside, portanto, na luta contra estas calamidades, das quais é raro ter a boa fortuna de escapar inteiramente. Calamidades que, tal como estão as coisas atualmente, não podem ser evitadas e nem, em geral, mitigadas em qualquer grau considerável. Entretanto, ninguém cuja opinião mereça um momento de consideração pode duvidar de que a maior parte dos grandes males indiscutíveis do mundo são, em si mesmos, suscetíveis de serem afastados, e que, se os negócios humanos continuarem a melhorar, tais males serão ao final confinados dentro de estreitos limites. A pobreza, em qualquer sentido que implique sofrimento, pode ser completamente extinta pela sabedoria da sociedade combinada com o bom senso e a previdência dos indivíduos. Mesmo a doença, o mais obstinado dos inimigos, pode ser indefinidamente reduzida em suas dimensões pela boa educação moral e física e pelo controle apropriado das influências nocivas, enquanto o progresso da ciência promete para o futuro conquistas ainda mais diretas sobre esse detestável inimigo. Cada avanço nessa direção livra-nos não apenas dos acidentes que abreviam nossas próprias vidas, mas, o que importa ainda mais, dos acidentes que nos privam daqueles com os quais nossa felicidade está envolvida. Quanto às vicissitudes da fortuna e outras contrariedades ligadas às circunstâncias do mundo, elas são o efeito, sobretudo, de graves imprudências, de desejos desregrados ou de instituições sociais más ou imperfeitas. Em suma, todas as grandes fontes do sofrimento humano são, em grande parte e muitas delas quase inteiramente, subjugáveis pela precaução e esforço humanos. Ainda que sua eliminação seja dolorosamente lenta — ainda que uma longa sucessão de gerações pereça antes que a conquista seja completada e o mundo se torne tudo aquilo que pode tornar-se caso não falte vontade e conhecimento — ainda assim, toda mente suficientemente inteligente e generosa para desempenhar uma parte nesse esforço, por pequena e imperceptível que seja, extrairá da própria luta uma nobre satisfação que não consentirá em abandonar para ceder a qualquer sedução na forma de satisfações egoístas.

Isso nos conduz à apreciação exata do que dizem os nossos opositores a respeito da possibilidade e da obrigação de aprender a prescindir da felicidade. Não há dúvida de que é possível prescindir da felicidade. Dezenove em cada vinte seres humanos o fazem involuntariamente, mesmo naquelas partes de nosso mundo atual que estão menos afundadas na barbárie. Além disso, o herói ou o mártir o fazem voluntariamente, em favor de algo que eles prezam mais do que a sua felicidade individual. Mas esse algo, o que é senão a felicidade dos outros ou alguns dos requisitos da felicidade? É nobre ser capaz de renunciar inteiramente à própria parte de felicidade ou às possibilidades dela, mas, afinal, esse autossacrifício deve, necessariamente, ter alguma finalidade; ele não é um fim em si mesmo. E se nos disserem que esse fim não é a felicidade, mas a virtude, que é algo melhor do que a felicidade, eu pergunto: o herói ou o mártir teriam feito esse sacrifício se não acreditassem que, desta forma, estariam isentando os outros de sacrifícios similares? Teriam eles se sacrificado se pensassem que sua renúncia à própria felicidade não produziria para qualquer de seus semelhantes outro proveito do que o de fazê-los compartilhar do mesmo destino, colocando-os também na posição de pessoas que renunciaram à felicidade? Honra àqueles que podem renunciar às satisfações pessoais da vida quando dessa forma eles contribuem valiosamente para aumentar a soma de felicidade no mundo. Mas aquele que assim procede ou professa assim proceder com qualquer outro fim, não merece mais admiração do que o asceta elevado em seu pedestal. Ele pode constituir uma inspiradora prova do que os homens *podem* fazer, mas, seguramente, não é um exemplo do que *deveriam* fazer.

Embora apenas em um estado muito imperfeito da organização do mundo a felicidade dos outros pode ser mais bem servida quando renunciamos à nossa própria, reconheço plenamente que, enquanto o mundo estiver nesse estado imperfeito, a disposição para fazer tal sacrifício é a mais alta virtude que pode ser encontrada no homem. E por paradoxal que pareça a afirmação, acrescentarei que, nessa condição do mundo, a capacidade consciente para prescindir da felicidade proporciona a melhor perspectiva de realização de tanta felicidade quanto seja possível. Pois só essa consciência pode elevar uma pessoa acima das vicissitudes da vida, fazendo-a sentir que, por piores que sejam o destino e a fortuna, eles não têm poder algum para vencê-la. Sentimento que, uma vez experimentado, liberta a pessoa do excesso de ansiedade em relação aos males da vida, permitindo-a, como a muitos estoicos nos piores tempos do Império Romano, cultivar com tranquilidade as fontes de satisfação acessíveis, sem que a incerteza da duração destas a preocupe mais do que o seu fim inevitável.

Entretanto, que seja permitido aos utilitaristas a incessante reivindicação da moralidade da abnegação como uma propriedade que lhes pertence tão legitimamente como ao estoico ou ao transcendentalista. A moralidade utilitarista reconhece nos seres humanos o poder de sacrificar o seu maior bem próprio pelo bem dos outros. Apenas recusa admitir que o sacrifício seja ele mesmo um bem. Ela considera como desperdiçado um sacrifício que não aumente ou não tenda a aumentar a soma total de felicidade. A única autorrenúncia que aprova é a devoção à felicidade ou a alguns dos meios que conduzem à felicidade dos outros, quer se trate da humanidade coletivamente, quer se trate dos indivíduos nos limites impostos pelos interesses coletivos da humanidade.

Devo repetir, uma vez mais, que os adversários do utilitarismo raramente fizeram a justiça de reconhecer que a felicidade que constitui o critério utilitarista do que é certo na conduta não é a felicidade do próprio agente, mas a de todos os interessados. Entre a própria felicidade e a de outros, o utilitarismo exige que cada um seja tão estritamente imparcial quanto um espectador desinteressado e benevolente. Na regra de ouro de Jesus de Nazaré encontramos todo o espírito da ética da utilidade. Proceder como desejaríamos que procedessem conosco e amar o próximo como a si mesmo constituem a perfeição ideal da moralidade utilitarista. Para nos aproximarmos, tanto quanto possível, desse ideal a utilidade prescreveria os seguintes meios. Em primeiro lugar, as leis e a organização social devem, tanto quanto possível, harmonizar a felicidade ou (como pode ser designado em termos práticos) o interesse de cada indivíduo com o interesse do conjunto. Em segundo lugar, a educação e a opinião, que possuem um poder tão vasto sobre o caráter humano, devem usar esse poder para estabelecer na mente de cada indivíduo uma associação indissolúvel entre a sua própria felicidade e o bem do conjunto; especialmente entre sua própria felicidade e a prática de modos de conduta, negativos e positivos, que a consideração da felicidade universal prescreve: de tal modo que não apenas o indivíduo se torne incapaz de conceber como compatíveis a sua própria felicidade e condutas opostas ao bem geral, mas também de tal modo que um impulso direto para promover o bem geral possa ser em cada indivíduo um dos motivos habituais da ação, e que os sentimentos correspondentes possam ocupar um grande e proeminente lugar na vida de todo ser humano. Se os adversários da moralidade utilitarista a representassem assim, segundo esse seu verdadeiro caráter, desconheço qual recomendação ditada por qualquer outra moralidade eles poderiam afirmar estar faltando à utilitarista: quais desenvolvimentos mais belos ou mais sublimes da natureza humana qualquer outro sistema ético pode, supostamente, favorecer, ou em quais móveis da ação, não acessíveis ao utilitarismo, tais sistemas poderiam basear-se para efetivar seus comandos.

Nem sempre os adversários do utilitarismo podem ser acusados de o representarem sob um aspecto desfavorável. Pelo contrário, aqueles que têm uma ideia mais ou menos justa de seu caráter desinteressado reprovam por vezes o critério por ser muito elevado para a humanidade. Dizem que é severo demais exigir que as pessoas ajam sempre induzidas pela promoção dos interesses gerais da sociedade. Mas isso é compreender mal o significado exato de um critério moral e confundir a regra de ação com o seu motivo. É tarefa da ética dizer-nos quais são os nossos deveres e por meio de que critério podemos conhecê-los, mas nenhum sistema de ética exige que o único motivo de tudo o que fazemos seja um sentimento de dever. Pelo contrário, noventa e nove por cento de todas as nossas ações são realizadas por outros motivos e, se a regra do dever não as condena, elas são morais. Tornar esse equívoco particular uma base de objeção contra o utilitarismo é tanto mais injusto quanto é certo que os utilitaristas foram mais longe do que quase todos os outros moralistas em afirmar que o motivo nada tem a ver com a moralidade da ação, embora tenha bastante com o mérito do agente. Aquele que salva um semelhante de se afogar faz o que é moralmente certo, quer seu motivo seja o dever ou a esperança de ser pago pelo transtorno; aquele que trai o amigo que nele confia é culpado de um crime, ainda que seu objetivo tenha sido o de servir outro amigo ao qual devia maiores obrigações.[3] Mas, para falar apenas das ações realizadas por motivos de dever e em obediência imediata a um princípio: constitui uma falsa interpretação do modo utilitarista de pensar considerar que ele implica que as pessoas devam fixar suas mentes

[3] Um oponente, cuja honestidade intelectual e moral é um prazer reconhecer (o reverendo J. Llewelyn Davies*) criticou essa passagem dizendo: "Seguramente a natureza certa ou errada do ato de salvar um homem que se afoga depende muito do motivo pelo qual se age. Suponha que um tirano cujo inimigo se atirou ao mar para dele fugir o salva do afogamento simplesmente para poder infringir-lhe torturas mais refinadas: ganharíamos em clareza ao falar de tal salvamento como 'uma ação moralmente certa'? Ou suponha ainda, conforme a um dos exemplos correntes nas investigações éticas, que um homem revele um segredo confiado por um amigo porque a manutenção desse segredo prejudicaria fatalmente o próprio amigo ou alguns dos seus próximos: o utilitarismo nos obrigaria a chamar essa traição 'um crime' tanto quanto uma traição feita pelo motivo mais desprezível?". Concedo que aquele que salva um outro do afogamento para matá-lo posteriormente por meio de torturas não difere apenas quanto ao motivo daquele que faz o mesmo pelo dever ou benevolência; o ato mesmo é diferente. O salvamento do homem é, no caso suposto, apenas um primeiro passo necessário de um ato muito mais atroz do que teria sido deixá-lo afogar-se. Se o Sr. Davies tivesse dito: "A natureza certa ou errada do ato de salvar um homem do afogamento depende muito" — não do motivo, mas — "da *intenção*" nenhum utilitarista teria discordado dele. O Sr. Davies, por um descuido comum demais para não ser perdoável, confundiu nesse caso as ideias muito diferentes de *motivo* e *intenção*. Não há questão que os pensadores utilitaristas (e Bentham de modo destacado) mais se esforçaram por elucidar. A moralidade da ação depende inteiramente da intenção — isto é, do que o agente *quer fazer*. Mas o motivo, isto é, o sentimento que o faz querer agir assim, não afeta a moralidade quando não acarreta nenhuma diferença no ato, ainda que importe para a nossa avaliação moral do agente, especialmente se indica uma *disposição* habitual boa ou ruim — uma inclinação de caráter da qual provavelmente resulta ações prejudiciais ou benéficas. (N.A.)

* John Llewelyn Davies (1826-1916), teólogo e político liberal. (N.T.)

em uma generalidade tão ampla como o mundo ou a sociedade em seu conjunto. A grande maioria das boas ações não têm a intenção de beneficiar o mundo, mas os indivíduos, cujo bem constitui o bem do mundo. Os pensamentos dos homens mais virtuosos não precisam, nessas ocasiões, ir além das pessoas particulares afetadas, exceto na medida em que é necessário assegurar-se de que ao beneficiá-las não se está violando os direitos — isto é, as expectativas autorizadas e legitimadas — de quem quer que seja. A multiplicação da felicidade é, de acordo com a ética utilitarista, o objetivo da virtude: as ocasiões em que qualquer pessoa (exceto uma em mil) tem o poder de fazer isso em grande escala, em outras palavras, o poder de ser um benfeitor público, são excepcionais, e é só nessas ocasiões que se lhe exige que considere a utilidade pública. Em todos os outros casos, tudo o que ela tem que considerar é a utilidade privada, o interesse ou a felicidade de umas poucas pessoas. Só aqueles cujas ações exercem uma influência que se estende à sociedade em geral necessitam levar em conta, habitualmente, um objeto tão amplo. Naturalmente, no caso das abstenções — isto é, coisas que as pessoas deixam de fazer, por considerações morais, embora as consequências pudessem ser benéficas num caso particular — seria indigno de um agente inteligente não estar cônscio de que a ação é de uma classe tal que, se praticada em geral, seria geralmente prejudicial, e que é essa a base de obrigação para abster-se dela. O grau de consideração pelo interesse público implicado nesse reconhecimento não é maior do que o exigido por qualquer sistema moral, pois todos ordenam a abstenção de tudo quanto seja manifestamente pernicioso à sociedade.

As mesmas considerações refutam outra censura dirigida contra a doutrina da utilidade, censura essa fundada num desconhecimento ainda mais grosseiro do propósito de um critério moral e do próprio significado das palavras certo e errado. Afirma-se frequentemente que o utilitarismo torna os homens frios e incapazes de simpatia, que endurece seus sentimentos morais para com os indivíduos, que os faz considerar apenas as secas e duras consequências da ação, não levando em conta, na avaliação moral, as qualidades de caráter de que as ações emanam. Se a afirmação significa que esses homens não permitem que os seus julgamentos a respeito da natureza certa ou errada de uma ação sejam influenciados por suas opiniões sobre as qualidades da pessoa que realiza a ação, não se trata de uma acusação contra o utilitarismo, mas contra qualquer critério moral; pois certamente nenhum critério ético conhecido decide que uma ação seja boa ou má por ter sido realizada por um homem bom ou mau, e menos ainda porque realizada por um homem afável, corajoso, benevolente ou o contrário. Essas considerações não são relevantes para a avaliação das ações, mas das pessoas, e nada há na teoria utilitarista que seja inconsistente com o fato de existirem, nas pessoas, outras coisas que nos interessam além da natureza certa ou errada de suas ações. É certo que os Estoicos, com o paradoxal abuso da linguagem que era parte de seu sistema e por meio do qual se esforçavam por elevar-se acima de toda preocupação que não fosse a virtude, apreciavam afirmar que aquele que possui a virtude possui tudo o mais e que este, e só este, era rico, belo e soberano. Mas a doutrina utilitarista não pretende fazer tal descrição do homem virtuoso. Os utilitaristas estão perfeitamente conscientes de que existem outras qualidades e propriedades desejáveis além da virtude e estão inteiramente dispostos a conceder-lhes todo seu valor. Estão conscientes ainda de que uma ação certa não indica, necessariamente, um caráter virtuoso, e que ações censuráveis procedem, com frequência, de qualidades merecedoras de elogio. Quando isso é manifesto em qualquer caso particular, a avaliação que os utilitaristas fazem do agente é alterada, mas não a que fazem sobre o ato. Asseguro, não obstante, que, no final das contas, os utilitaristas consideram que a melhor prova de um bom caráter são as boas ações e que se recusam, decididamente, a considerar como boa qualquer disposição mental cuja tendência predominante seja produzir uma má conduta. Isto os torna impopulares para muita gente, mas é uma impopularidade que devem, inevitavelmente, compartilhar com todos aqueles que consideram seriamente a distinção entre o certo e o errado; e não se trata de uma censura cuja refutação deva preocupar o utilitarista consciencioso.

Se tudo o que se quer dizer mediante tal objeção é que os utilitaristas consideram a moralidade das ações, conforme o critério utilitarista, com atenção demasiado exclusiva, e não salientam suficientemente as outras excelências de caráter que tendem a tornar um ser humano amável ou admirável, a objeção pode ser admitida. Os utilitaristas que cultivaram seus sentimentos morais, mas não as suas simpatias e nem as suas percepções artísticas, cometem esse erro, como o cometem todos os outros moralistas nas mesmas condições. O que pode ser dito para justificar outros moralistas é igualmente válido para os utilitaristas, a saber, que, a ter de haver algum erro, é melhor que seja nesse sentido. De fato, podemos afirmar que se verificam entre os utilitaristas, assim como entre os adeptos de outros sistemas, todos os graus imagináveis de rigidez e lassitude na aplicação de seu critério: alguns são inclusive puritanamente rigorosos, enquanto outros são tão indulgentes quanto o poderiam desejar os pecadores e os sentimentais. Mas, no conjunto, uma doutrina que destaca de forma proeminente o interesse que a humanidade tem na repressão e prevenção da conduta que viola a lei moral, não é provavelmente inferior a nenhuma outra em dirigir as sanções da opinião contra tais violações. É certo que aqueles que reconhecem diferentes critérios morais diferem ocasionalmente sobre a questão de saber o que é que viola a lei moral. Mas não foi o utilitarismo que introduziu pela primeira vez no mundo diferenças de opinião em relação a questões morais. Além disso, essa doutrina proporciona um modo de decidir sobre tais divergências que, embora nem sempre fácil, é em todo caso tangível e inteligível.

Talvez não seja supérfluo mencionar mais alguns erros comuns de interpretação da ética utilitarista, mesmo aqueles tão óbvios e grosseiros que parece quase impossível que qualquer pessoa sincera e inteligente possa cometê-los. Mas as pessoas, inclusive as de considerável talento intelectual, costumam preocupar-se tão pouco em entender o sentido de qualquer opinião contra a qual mantêm um preconceito, e os homens são em geral tão pouco conscientes de que essa ignorância voluntária constitui um defeito, que encontramos frequentemente os mais vulgares equívocos acerca das doutrinas éticas até mesmo nos ponderados escritos de indivíduos com grandes pretensões à filosofia e a princípios elevados. Não é raro ouvirmos a acusação de que a doutrina da utilidade é uma doutrina *ateia*. Se fosse necessário dizer algo contra essa mera suposição, poderíamos afirmar que a questão depende da ideia que formamos sobre o caráter moral da

Divindade. Se é verdadeira a crença de que Deus deseja, acima de tudo, a felicidade de suas criaturas e que foi esse o seu propósito ao criá-las, a utilidade não apenas não é uma doutrina ateia, mas é mais profundamente religiosa do que qualquer outra. Se se quer dizer que o utilitarismo não reconhece a vontade revelada de Deus como a suprema lei da moral, respondo que um utilitarista que acredita na perfeita bondade e sabedoria de Deus acredita, necessariamente, que tudo o que Deus considerou adequado relevar a respeito da moral deve satisfazer, em grau supremo, as exigências da utilidade. Mas outros, não falemos dos utilitaristas, têm sustentado a opinião de que a revelação cristã pretendia e está apta a animar os corações e as mentes dos seres humanos com um espírito que os torne capazes de encontrar, por si mesmos, o que é certo e os incline a praticá-lo logo que o encontrem, mais do que a dizer-lhes, a não ser de uma forma muito geral, o que é o certo; assim, é preciso uma doutrina ética cuidadosamente desenvolvida para *interpretar* a vontade de Deus. É supérfluo discutir aqui se essa opinião é ou não válida, pois qualquer ajuda que a religião, seja esta natural ou revelada, pode prestar à investigação ética, ela estará tão disponível ao moralista utilitarista como a qualquer outro. O utilitarista pode fazer uso dela para corroborar pelo testemunho de Deus a utilidade ou nocividade de qualquer curso de ação, com o mesmo direito com que outros podem usá-la como indício de uma lei transcendental sem nenhuma relação com a utilidade ou a felicidade.

Além disso, a Utilidade é muitas vezes estigmatizada de forma sumária como uma doutrina imoral ao ser designada pelo nome de Conveniência, aproveitando-se do uso popular desse termo para opô-la a Princípio. Mas o Conveniente, no sentido em que se opõe ao Certo, geralmente quer dizer aquilo que é conveniente para os interesses particulares do próprio agente — como quando um ministro sacrifica os interesses de seu país para se manter no seu cargo. Quando quer dizer algo melhor do que isso, significa aquilo que é conveniente para algum objetivo imediato ou algum propósito momentâneo, mas que viola uma regra cuja obediência é conveniente em um grau mais elevado. Nesse sentido, o Conveniente, em vez de ser a mesma coisa que o útil, é uma espécie do prejudicial. Assim, seria muitas vezes conveniente dizer uma mentira para superar algum obstáculo momentâneo ou para atingir um objetivo imediatamente útil a nós mesmos ou a outros. Mas o cultivo de um sentimento agudo de veracidade é uma das coisas mais úteis, e o seu enfraquecimento uma das mais prejudiciais, para que nossa conduta pode contribuir; e qualquer desvio da verdade, mesmo que não intencional, contribui em grande medida para enfraquecer a confiança nas afirmações feitas pelos seres humanos, confiança essa que não apenas constitui o suporte de todo o bem-estar social presente, como também sua insuficiência contribui mais do que qualquer outra coisa para o atraso da civilização, da virtude e de tudo aquilo de que depende em larga escala a felicidade humana. Assim, sentimos que a violação, em nome de uma vantagem presente, de uma regra com uma conveniência tão transcendente, não é conveniente, e que aquele que, para seu proveito pessoal ou de algum outro indivíduo, faz o que está ao seu alcance para privar a humanidade do bem e infligir-lhe o mal, bem e mal que dependem da maior ou menor confiança que os homens podem depositar nas palavras uns dos outros, age como um dos piores inimigos do gênero humano. Entretanto, todos os moralistas reconhecem que mesmo essa regra, sagrada como é, admite possíveis exceções, sendo a principal aquela em que a omissão de algum fato (como omitir uma informação a um malfeitor ou más notícias a uma pessoa gravemente doente) preserva alguém (principalmente um indivíduo que não seja o próprio) de um grande e imerecido mal, e quando a omissão só pode ser realizada pela negação. Mas para que a exceção não se estenda além do necessário e contribua o menos possível para enfraquecer a confiança na veracidade, ela deve ser reconhecida e, se possível, definidos os seus limites; e se o princípio de utilidade serve para algo, servirá para comparar essas utilidades conflitantes e demarcar o âmbito dentro do qual uma ou outra prepondera.

Além disso, os defensores da utilidade sentem-se muitas vezes obrigados a responder objeções como a de que não há tempo, antes da ação, para calcular e ponderar os efeitos de uma linha de conduta sobre a felicidade geral. É exatamente como se alguém dissesse que é impossível orientar nossa conduta pelo Cristianismo porque não há tempo para ler todo o Velho e o Novo Testamentos nas ocasiões em que devemos fazer alguma coisa. A resposta a essa objeção é a de que houve imenso tempo para isso, isto é, todo o passado da espécie humana. Durante todo esse tempo a humanidade esteve aprendendo, pela experiência, as tendências das ações, e toda a prudência assim como toda a moralidade da vida dependem dessa experiência. As pessoas falam como se o início desse curso de experiência tivesse sido adiado até agora, e como se, no momento em que alguém sente a tentação de interferir na propriedade ou na vida de outro, tivesse que começar a considerar pela primeira vez se o assassinato e o roubo são prejudiciais à felicidade humana. Mesmo que fosse assim, não creio que essa pessoa acharia a questão muito enigmática mas, de qualquer modo, o trabalho já está feito. É realmente extravagante supor que a humanidade poderia estar de acordo em considerar a utilidade como o critério da moral e permanecer em desacordo quanto ao que *é* útil ou não tomar quaisquer medidas para ensinar suas noções ao jovens e reforçá-las pela lei e pela opinião. Não é difícil provar que qualquer critério ético funciona mal se o supusermos associado à estupidez universal. Mas, de acordo com qualquer outra hipótese, a humanidade deve ter adquirido nessa altura crenças positivas a respeito dos efeitos que algumas ações exercem sobre sua felicidade. As crenças assim formadas são as regras da moralidade para o vulgo e também para o filósofo, até que ele consiga encontrar outras melhores. Admito, ou melhor, sustento sem reservas que os filósofos podem, mesmo agora, lograr isso facilmente em relação a muitos temas e que o código ético recebido não é, de forma alguma, de direito divino. Sustento, além disso, que a humanidade tem ainda muito que aprender a respeito dos efeitos das ações sobre a felicidade geral. Os corolários do princípio de utilidade, como os preceitos de qualquer arte prática, são suscetíveis de um aperfeiçoamento sem limites e, em um estado progressivo da mente humana, esse aperfeiçoamento verifica-se constantemente. Mas uma coisa é considerar que as regras da moralidade são suscetíveis de aperfeiçoamento, e outra coisa omitir inteiramente as generalizações intermediárias e procurar testar diretamente cada ação individual por meio do primeiro princípio. É uma estranha noção a de que o reconhecimento de um primeiro princípio seja incompatível com a admissão de princípios secundários. Informar a um viajante a respeito do lugar de seu destino final não é proibi-lo de se utilizar das marcas e placas de sinalização disponíveis no caminho. A proposição segundo a qual a felicidade é o fim e o objetivo da moral não significa que não é necessário estabelecer nenhum caminho para alcançar esse objetivo ou que as pessoas que para ele se dirigem não devam ser aconselhadas a tomar uma via de preferência a outra. Os homens deveriam, realmente, deixar de dizer, sobre esse assunto, absurdos que não consentiriam em dizer nem escutar a respeito de outras questões de interesse prático. Ninguém argumenta que a arte da navegação não está fundada na astronomia porque os marinheiros não podem esperar para calcular a Carta Náutica. Sendo criaturas racionais, lançam-se ao mar com os cálculos já prontos, e todas as criaturas racionais se lançam ao mar da vida com uma opinião já formada sobre as questões simples em torno do que é certo e errado, assim como sobre questões bem mais difíceis relativas ao que é sensato e insensato. E é de supor que continuarão procedendo assim, enquanto a previsão for uma qualidade humana. Qualquer que seja o princípio moral fundamental adotado, necessitamos de princípios subordinados para aplicá-lo: a impossibilidade de agir sem estes, sendo comum a todos os sistemas, não pode fornecer argumentos contra nenhum em particular. Mas argumentar seriamente como se tais princípios secundários não pudessem existir e como se a humanidade tivesse permanecido até agora, e houvesse de permanecer sempre, sem extrair conclusões gerais da experiência da vida humana, é o mais alto grau de absurdo a que uma controvérsia filosófica jamais chegou.

O resto da série de argumentos contra o utilitarismo consiste, na maior parte, em responsabilizá-lo pelas fraquezas ordinárias da natureza humana e pelas dificuldades gerais que estorvam as pessoas conscienciosas na direção de suas vidas. Afirma-se que um utilitarista será capaz de fazer de seu caso particular uma exceção às regras morais e que, quando tentado, verá mais utilidade na violação de uma regra do que na sua observância. Mas a doutrina da utilidade é a única a nos fornecer desculpas para procedermos mal e meios para enganarmos nossa própria consciência? Essas desculpas são fornecidas abundantemente por todas as doutrinas que reconhecem como um fato em moral a existência de considerações antagônicas; algo que todas as doutrinas acatadas por pessoas sãs reconhecem. Não é culpa de nenhuma doutrina, mas sim da complexidade dos assuntos humanos, que as regras de conduta não possam ser formuladas de modo a não admitir exceções, e que raramente qualquer tipo de ação possa ser solidamente estabelecida como sendo sempre obrigatória ou sempre condenável. Não há doutrina ética que não modere a rigidez de suas leis, concedendo uma certa margem, sob a responsabilidade moral do agente, para acomodá-las às peculiaridades das circunstâncias; e é através dessa concessão que, em todas as doutrinas, introduzem-se o autoengano e a casuística desonesta. Não há sistema moral em que não surjam casos inequívocos de obrigações antagônicas. São essas as dificuldades reais, os pontos intrincados, tanto na teoria da ética como na orientação consciente da conduta pessoal. Dificuldades que são superadas na prática, com maior ou menor êxito, conforme a inteligência e a virtude do indivíduo. Mas é difícil pretender que alguém possa estar menos qualificado para tratar delas por possuir um critério supremo ao qual possam ser referidos os direitos e deveres antagônicos. Se a utilidade é a fonte suprema das obrigações morais, ela pode ser invocada para decidir entre estas quando suas exigências são incompatíveis. Ainda que a aplicação do critério possa ser difícil, é melhor do que carecer de critério. Em outros sistemas, entretanto, como as leis morais pretendem autoridade independente, não existe um árbitro comum autorizado a intervir entre elas: as pretensões de precedência que umas têm sobre as outras assentam em pouco mais do que sofismas, e a menos que sejam determinadas, como em geral são, pela influência não reconhecida de considerações utilitárias, deixam campo livre à ação das inclinações e desejos pessoais. Devemos lembrar-nos: apenas nos casos de conflito entre princípios secundários é indispensável recorrer aos primeiros princípios. Não há caso de obrigação moral em que algum princípio secundário não esteja envolvido; e quando apenas um está envolvido, raras vezes poderá haver, na mente das pessoas que reconhecem o princípio, dúvidas sérias acerca de qual ele é.

CAPÍTULO III

DA SANÇÃO ÚLTIMA DO PRINCÍPIO DE UTILIDADE

Em relação a qualquer suposto critério moral levanta-se geralmente e com propriedade a questão: Qual é sua sanção? Quais são os motivos para obedece-lo? Ou, mais especificamente, qual é a fonte de sua obrigação? De onde deriva sua força vinculante? Constitui tarefa necessária da filosofia moral fornecer resposta para essa questão, que, embora assumindo frequentemente o aspecto de uma objeção à moralidade utilitarista, como se tivesse uma maior aplicação a essa doutrina do que às demais, surge na realidade em relação a todos os critérios. De fato, essa questão surge sempre que alguém é chamado a *adotar* um critério ou a referir a moralidade a uma base na qual não se estava acostumado a apoiá-la. Pois apenas a moralidade costumeira, aquela consagrada pela educação e pela opinião, apresenta-se à mente com o sentimento de ser obrigatória *em si mesma*. E quando se pede a uma pessoa para aceitar que essa moralidade *deriva* a sua obrigação de algum princípio geral em torno do qual o costume não delineou o mesmo halo, a asserção é para ela paradoxal. Os supostos corolários parecem ter uma força vinculante maior do que o teorema original e a superestrutura parece sustentar-se melhor sem aquilo que é representado como seu fundamento. Essa pessoa diz a si mesma: sinto que estou compelida a não matar, não roubar, trair ou ludibriar; mas por que estou compelida a promover a felicidade geral? Se minha própria felicidade consiste em outra coisa, por que não posso dar-lhe a preferência?

Se a visão da natureza do sentido moral adotada pela filosofia utilitarista for válida, essa dificuldade apresentar-se-á sempre, até que as influências que modelam o caráter moral tenham firmado o princípio da mesma maneira como têm firmado algumas das consequências; até que, mediante o aperfeiçoamento da educação, o sentimento de união com o próximo esteja (como sem dúvida Cristo pretendeu que estivesse) tão profundamente enraizado no caráter e seja para a consciência uma parte de nossa natureza, quanto o horror ao crime está enraizado em todo jovem razoavelmente bem educado. Enquanto isso, entretanto, a dificuldade não é peculiar à doutrina da utilidade, mas é inerente à toda tentativa de analisar a moralidade e reduzi-la a princípios; tentativa que, a menos que o princípio já esteja investido na mente dos homens de um caráter tão sagrado como o de qualquer de suas aplicações, parece sempre despojar tais aplicações de uma parte da sua santidade.

O princípio da utilidade tem, ou pelo menos não há razão para que não possa ter, todas as sanções que pertencem a qualquer outro sistema moral. Essas sanções são externas ou internas. Das externas, não é necessário falar longamente. São elas: a esperança de conseguir o favor e o receio de descontentar nossos semelhantes ou o Legislador do Universo, junto com a simpatia ou afeição que possamos ter por aqueles ou o amor e a reverência por Este, levando-nos a realizar Sua vontade sem qualquer cálculo egoísta das consequências. Não há, evidentemente, razão alguma para que todos esses motivos de observância não se liguem à moralidade utilitarista tão completa e fortemente como a qualquer outra. De fato, os motivos que se referem aos nossos semelhantes certamente se ligam àquela moralidade, de acordo com a soma de inteligência geral; porque, haja ou não outra base para a obrigação moral do que a felicidade geral, os homens certamente desejam a felicidade. E, por imperfeita que seja sua própria conduta, o homem deseja e aprova todas as condutas dos outros em relação a ele que acredita irão promover sua felicidade. Quanto ao motivo religioso, se os homens acreditam, e a maioria professa crer, na bondade de Deus, os que consideram a promoção da felicidade geral como a essência, ou mesmo apenas como o critério, do bem, devem necessariamente acreditar que isso é também o que Deus aprova. Portanto, toda a força das recompensas e castigos externos, sejam físicos ou morais, quer procedam de Deus ou de nossos semelhantes, junto com tudo aquilo que a natureza humana pode comportar de devoção desinteressada a Deus ou aos homens, podem ser usadas para reforçar a moralidade utilitarista na medida em que esta é reconhecida; e com tanto mais força quanto mais os recursos da educação e da cultura geral forem orientados para esse propósito.

Isso no que se refere às sanções externas. A sanção interna do dever é sempre uma e a mesma, seja qual for o nosso critério do dever: um sentimento em nossa própria mente, uma dor mais ou menos intensa que acompanha a violação do dever e que, nos casos mais sérios, faz com que as naturezas morais devidamente formadas recuem como ante uma impossibilidade. Esse sentimento, quando desinteressado e vinculado à ideia pura do dever e não a alguma forma particular do dever ou a qualquer circunstância meramente acessória, constitui a essência da Consciência. Mas é preciso notar que nesse complexo fenômeno, tal como realmente se apresenta, o fato simples está em geral misturado com associações secundárias, derivadas da simpatia, do amor e, sobretudo, do medo, assim como das formas de sentimento religioso, das recordações da infância e de nossa vida passada, da autoestima, do desejo de ser estimado pelos outros e, por vezes, até mesmo da auto-humilhação. Penso que essa extrema complicação é a origem dessa espécie de caráter místico que, devido a uma tendência da mente humana da qual há muitos outros exemplos, facilmente se atribui à ideia de obrigação moral. E esse caráter místico atribuído leva as pessoas a acreditarem que a ideia de obrigação moral só pode estar vinculada àqueles objetos que, conforme descobrimos em nossa experiência atual, poderiam suscitá-la por meio de uma suposta lei misteriosa. Sua força vinculante, entretanto, consiste na existência de uma massa de sentimentos que precisa ser vencida para que a violação de nosso critério do dever possa ser efetivada, sentimentos que, no entanto, provavelmente reaparecerão posteriormente na forma de remorso se o critério for mesmo violado. Qualquer que seja nossa teoria a respeito da natureza ou origem da consciência é isso o que, essencialmente, a constitui.

Assim, a sanção última de toda moralidade (à parte motivos externos) é um sentimento subjetivo em nossas mentes. Portanto, nada vejo de embaraçoso, para aqueles cujo critério é a utilidade, na questão de saber qual é a sanção desse critério particular. Podemos responder que é a mesma de todos os outros critérios morais: os sentimentos conscienciosos da humanidade. Sem dúvida, essa sanção não possui eficácia para compelir aqueles que não têm o sentimento que ela supõe; mas essas pessoas também não serão mais obedientes a qualquer outro princípio moral do que ao utilitarista. Sobre elas, nenhuma moralidade tem influência, a não ser por meio de sanções externas. Entretanto, a existência desses sentimentos é um fato da natureza humana, e sua realidade, bem como o grande poder que são capazes de exercer sobre as pessoas nas quais eles foram devidamente cultivados, é algo provado pela experiência. Não se mostrou jamais uma razão pela qual eles não podem ser cultivados em conexão com a regra utilitarista com a mesma intensidade com que foram cultivados em relação a qualquer outro critério moral.

Sei que há uma tendência para acreditar que a pessoa que considera a obrigação moral um fato transcendente, uma realidade objetiva pertencente ao domínio das "coisas em si", será provavelmente mais obediente a ela do que aquela que a considera como algo inteiramente subjetivo, ocorrendo apenas na consciência humana. Mas seja qual for a opinião da pessoa a respeito dessa questão ontológica, a força que realmente a impele é seu próprio sentimento subjetivo, sendo medida exatamente pela intensidade deste. A crença na realidade objetiva do dever não pode ser, em nenhum homem, mais forte do que a crença na realidade objetiva de Deus; entretanto, a crença em Deus, à parte a expectativa de recompensa e castigo efetivos, apenas atua sobre a conduta por meio e na proporção do sentimento religioso subjetivo. A sanção, na medida em que é desinteressada, está sempre na própria mente. Portanto, segundo a concepção dos moralistas transcendentais, essa sanção só existirá *na* mente se acreditarmos que ela tem sua origem fora da mente. Para esses moralistas, ainda, se uma pessoa puder dizer a si mesma, "Isso que me refreia e que é chamado minha consciência é apenas um sentimento em minha mente", ela provavelmente extrairá as conclusões de que quando o sentimento cessar, a obrigação cessará e de que, tão logo esse sentimento lhe for inconveniente, ela poderá desprezá-lo e tentar desembaraçar-se dele. Mas esse perigo só existe para a moralidade utilitarista? A crença de que a obrigação moral tem a sua sede fora da mente torna o seu sentimento suficientemente forte para que não seja possível livrar-se dele? Ora, a realidade é bem outra, tanto que todos os moralistas admitem e lamentam a facilidade com que, na generalidade das mentes, a consciência pode ser silenciada ou sufocada. A pergunta "tenho que obedecer à minha consciência?" é levantada com frequência tanto pelas pessoas que nunca ouviram falar do princípio de utilidade como por seus adeptos. Aqueles cujos sentimentos conscienciosos são tão débeis que lhes permitem pôr a si mesmos essa pergunta, podem até respondê-la afirmativamente, mas não o farão porque acreditam na teoria transcendental, e sim devido às sanções externas.

Não é necessário, para nossos objetivos aqui, decidir se o sentimento de dever é inato ou adquirido. Supondo que seja inato, permanece aberta a questão de saber com quais objetos ele se une naturalmente, pois os filósofos que sustentam essa teoria estão de acordo agora em que a percepção intuitiva diz respeito aos princípios da moral e não aos detalhes. Se tem de haver aqui algo de inato, não vejo razão para que o sentimento inato não possa ser o da consideração pelos prazeres e dores dos outros. Se há algum princípio moral intuitivamente obrigatório, eu diria que deve ser esse. Nesse caso, a ética intuitiva coincidiria com a utilitarista e não haveria mais disputas entre elas. De qualquer maneira, os moralistas intuitivos, ainda que acreditem que há outras obrigações morais, acreditam também que essa é uma delas, pois sustentam, unanimemente, que uma grande *parte* da moral consiste na devida consideração aos interesses de nossos semelhantes. Portanto, se a crença na origem transcendente da obrigação moral fornece alguma eficácia adicional para a sanção interna, parece-me que o princípio utilitarista já desfruta desse benefício.

Em contrapartida, se, como acredito, os sentimentos morais não são inatos, mas adquiridos, eles não são por isso menos naturais. É natural ao homem falar, raciocinar, construir cidades, cultivar a terra, embora essas sejam faculdades adquiridas. Os sentimentos morais não são, realmente, uma parte de nossa natureza no sentido de que estariam presentes, de modo perceptível, em todos nós, embora esse sentido seja, infelizmente, admitido pelos que mais tenazmente acreditam em sua origem transcendente. Assim como as outras capacidades adquiridas referidas acima, a faculdade moral, se não é parte de nossa natureza, é um produto natural dela. Ela é capaz, como as outras e em pequeno grau, de desenvolver-se espontaneamente, e pode atingir um alto grau de desenvolvimento quando cultivada. Infelizmente, um certo uso das sanções externas e da força das primeiras impressões permite cultivá-la também em quase qualquer direção: de modo que não há nada, por absurdo ou maligno que seja, que não possa, por meio dessas influências, fazer-se atuar na mente humana com toda a autoridade da consciência. Duvidar que a mesma autoridade possa ser conferida, por idênticos meios, ao princípio da utilidade, ainda que este carecesse de fundamento na natureza humana, seria fechar os olhos para toda a experiência.

Mas as associações morais que são uma criação inteiramente artificial cedem gradualmente, com o avanço da cultura intelectual, à força dissolvente da análise. Assim, se o sentimento do dever, quando associado à utilidade, parecesse igualmente arbitrário, se não houvesse na nossa natureza uma parte diretora, uma classe poderosa de sentimentos, com a qual essa associação se harmonizasse, levando--nos a senti-la congenial e nos inclinando a não apenas fomentá-la nos outros (para o que contamos com abundantes motivos interessados), mas também a cultivá-la em nós mesmos, em suma, se não existisse uma base natural de sentimento para a moralidade utilitarista, poderia muito bem ocorrer que essa associação também se dissolvesse pela análise, mesmo depois de haver sido implantada pela educação.

Mas essa base de poderoso sentimento natural *existe* e é ela que constituirá a força da moralidade utilitarista quando a felicidade geral for reconhecida como o critério ético. Esse firme fundamento é constituído pelos sentimentos sociais da humanidade, pelo desejo de união com nossos semelhantes, que é um poderoso princípio na natureza humana e, felizmente, um dos que tendem a fortalecer-se mesmo sem ser expressamente inculcado, apenas por influência do avanço da civilização. O estado social é ao mesmo tempo tão natural, tão necessário e tão habitual para o homem que, salvo em circunstâncias pouco comuns ou por meio de um esforço de abstração voluntária, o ser humano só se concebe como membro de um corpo.

E essa associação é fortalecida cada vez mais, conforme a humanidade se afasta do estado de independência selvagem. Assim, toda condição essencial a um estado de sociedade torna-se, cada vez mais, uma parte inseparável da concepção que cada pessoa mantém a respeito do estado de coisas em que nasceu e no qual um ser humano está destinado a viver. Ora, uma sociedade de seres humanos — exceto na relação de senhor e escravo — é manifestamente impossível se não repousar no princípio de que os interesses de todos serão consultados. Uma sociedade de iguais só pode existir se houver a compreensão de que os interesses de todos devem ser igualmente respeitados. E posto que, em todos os estados de civilização, qualquer pessoa, exceto um monarca absoluto, tem seus iguais, cada uma está obrigada a viver com alguém nesses termos. Além disso, há em todas as épocas um certo avanço em direção a um estado em que será impossível viver permanentemente com todos os demais em termos diferentes desses. Dessa forma, as pessoas tornam-se incapazes de conceber a possibilidade de um estado de total desrespeito pelos interesses dos outros. Elas sentem a necessidade de conceberem a si próprias como pessoas que pelo menos evitam as injustiças mais graves e que vivem em um estado de constante protesto contra estas (ainda que somente para sua própria proteção). Estão também familiarizadas com o fato de cooperação com os outros e com o fato de proporem a si mesmas, como o objetivo de suas ações (pelo menos no momento presente), um interesse coletivo e não individual. Na medida em que cooperam, seus objetivos se identificam com o de outros e há pelo menos um sentimento provisório de que os interesses destes são seus próprios interesses. Todo fortalecimento dos laços sociais e todo crescimento sadio da sociedade não apenas proporcionam a cada indivíduo um interesse pessoal mais forte em consultar praticamente o bem estar dos outros, como também os levam a identificar cada vez mais os seus *sentimentos* com o bem deles ou, pelo menos, com uma consideração prática cada vez maior por esse bem. Como que instintivamente, o indivíduo se torna consciente de si mesmo como um ser que *naturalmente* leva os outros em consideração. O bem dos outros torna-se para ele algo que natural e necessariamente deve ser levado em conta, tal como qualquer uma das condições físicas de nossa existência. Ora, qualquer que seja a magnitude desse sentimento, a pessoa é impelida, pelos mais fortes motivos de interesse e de simpatia, a demonstrá-lo e a tentar promovê-lo, com todas as suas forças, nos outros; e mesmo que ela própria careça desse sentimento, está tão interessada como qualquer outra em que os demais o tenham. Consequentemente, os menores germes desse sentimento são mantidos e cultivados pelo contágio da simpatia e pelas influências da educação, e uma completa rede de associações corroborativas se tece à sua volta pela poderosa ação das sanções externas. Com o avanço da civilização, essa forma de concebermos a nós próprios e à vida humana é cada vez mais sentida como algo natural. Cada passo dado no sentido do aperfeiçoamento político contribui para isso, tanto pela eliminação das fontes de interesses opostos, como pelo nivelamento das desigualdades de privilégio que a lei estabelece entre indivíduos ou classes e devido às quais há grandes parcelas da humanidade cuja felicidade é ainda possível desprezar. Em um estado progressivo da mente humana, as influências que tendem a gerar em cada indivíduo um sentimento de unidade com todos os demais estão em constante crescimento. Se esse sentimento fosse perfeito, faria com que um indivíduo jamais concebesse ou desejasse para si próprio qualquer condição benéfica que não beneficiasse também os outros. Ora, se supusermos que esse sentimento de união seja ensinado como uma religião e que toda a força da educação, das instituições e da opinião seja direcionada, como foi no caso da religião, para fazer com que cada pessoa cresça, desde a infância, rodeada em toda parte pela profissão e prática desse sentimento, creio que ninguém que possa compreender essa concepção sentirá qualquer receio a respeito da suficiência da sanção última da moral da Felicidade. Para o estudioso da ética que tem dificuldade em compreender isso, recomendo, para facilitá-la, a segunda das duas obras principais do Sr. Comte, o *Système de Politique Positive*. Pessoalmente mantenho sérias objeções ao sistema político e moral estabelecidos nessa obra, mas considero que ela demonstrou, fartamente, a possibilidade de se pôr a serviço da humanidade, e mesmo sem a ajuda da crença em uma Providência, tanto o poder psíquico como a eficácia social de uma religião, fazendo com que esta se apodere da vida humana, colorindo todos os pensamentos, sentimentos e ações de tal maneira que a maior ascendência alguma vez exercida pela religião tenha sido apenas uma amostra e um prenúncio. O perigo que isso comporta não é o de que possa ser insuficiente, mas excessivo demais, a ponto de interferir indevidamente na liberdade e individualidade humana.

Tampouco é necessário que o sentimento que constitui a força vinculadora da moralidade utilitarista, nas pessoas que a reconhecem, aguarde as influências sociais que tornariam sua obrigação sentida por toda a humanidade. No estado relativamente primitivo de desenvolvimento humano em que agora nos encontramos, uma pessoa não possui realmente aquela integral simpatia pelos outros que tornaria impossível qualquer desavença real na orientação geral da conduta. Mas uma pessoa na qual o sentimento social está de algum modo desenvolvido, já não pode pensar nos seus semelhantes como rivais na luta pelos meios para alcançar a felicidade, rivais cujo fracasso ela não poderia deixar de desejar para garantir assim o seu próprio êxito. A concepção profundamente arraigada que, mesmo agora, todo indivíduo tem a respeito de si mesmo como um ser social, tende a fazê-lo sentir como uma de suas necessidades naturais a harmonia entre seus sentimentos e objetivos e os de seus semelhantes. Se diferenças de opinião e de cultura intelectual fazem com que seja impossível para ele compartilhar muitos dos sentimentos reais de seus semelhantes — levando-o até mesmo a combater e desprezar esses sentimentos — ainda assim ele precisa estar consciente de que não há antagonismo entre o seu objetivo real e o dos outros, de que ele não está se opondo ao que eles realmente desejam, isto é, o bem próprio, mas está, ao contrário, promovendo-o. Na maioria dos indivíduos, esse sentimento é muito menos intenso do que os sentimentos egoístas e, muitas vezes, está completamente ausente. Mas, para aqueles que o possuem, ele tem todos os caracteres de um sentimento natural, apresentado-se às suas mentes como um atributo de que não seria bom prescindir, e não como uma superstição da educação ou como uma lei despoticamente imposta pelo poder da sociedade. Essa convicção é a sanção última da moralidade da maior felicidade. É ela que faz qualquer mente dotada de sentimentos bem desenvolvidos atuar a favor, e não contra, os motivos extrínsecos que nos levam a considerar os outros, motivos propiciados pelo que denominei de sanções externas; e quando essas sanções faltam ou agem em uma direção oposta, essa convicção constitui por si só uma poderosa força vinculadora interna, proporcional à sensibilidade e à solicitude de caráter. Pois, excetuando-se aqueles cuja mente é moralmente vazia, poucos poderiam orientar a sua vida conforme o seguinte princípio: não levar os outros em consideração, a não ser quando se é forçado pelo próprio interesse particular.

CAPÍTULO IV

DE QUE TIPO DE PROVA É SUSCETÍVEL O PRINCÍPIO DE UTILIDADE

Já observamos que questões relativas a fins últimos não admitem prova no sentido usual da palavra. A impossibilidade de prova pelo raciocínio é comum a todos os primeiros princípios: tanto às primeiras premissas do nosso conhecimento, como às de nossa conduta. Mas aquelas, sendo questões de fato, podem ser objeto de um recurso direto às faculdades que julgam fatos, a saber, nossos sentidos e nossa consciência interna. Podemos recorrer a tais faculdades quando se trata de fins práticos? Ou por qual outra faculdade se pode adquirir conhecimento desses fins?

As questões relativas aos fins podem também ser formuladas assim: quais são as coisas desejáveis? A doutrina utilitarista sustenta que a felicidade é desejável, e, além disso, a única coisa desejável, como fim; todas as outras coisas são desejáveis apenas como meios para esse fim. O que deve ser exigido dessa doutrina — que condições é preciso que ela satisfaça — para justificar o assentimento que ela reclama?

A única prova que se pode dar de que um objeto é visível é a de que as pessoas realmente o veem. A única prova de que um som é audível, é a de que as pessoas o ouvem, e de modo semelhante quanto às outras fontes de nossa experiência. Da mesma forma, entendo que a única evidência possível de que uma coisa é desejável é a de que as pessoas realmente a desejam. Se o fim que a doutrina utilitarista se propõe não fosse, na teoria e na prática, reconhecido como tal, nada poderia jamais convencer pessoa alguma de que é um fim. Não se pode apresentar nenhuma razão pela qual a felicidade geral é desejável, exceto a de que cada pessoa, na medida em que a crê alcançável, deseja sua própria felicidade. Sendo isso um fato, entretanto, temos não apenas toda a prova que o caso admite, mas, ainda, toda a que é possível exigir, de que a felicidade é um bem: de que a felicidade de cada pessoa é um bem para ela e a felicidade geral, portanto, um bem para o conjunto de todas as pessoas. A felicidade provou assim seu direito como *um* dos fins da conduta e, consequentemente, um dos critérios da moral.

Mas isso não basta para provar que ela seja o único critério. Para tanto, parece necessário demonstrar, pela aplicação do mesmo método, não só que as pessoas desejam a felicidade, mas que jamais desejam outra coisa. Ora, é evidente que elas desejam coisas que, na linguagem ordinária, são decididamente distintas da felicidade. Desejam, por exemplo, a virtude e a ausência de vício, não menos do que o prazer e a ausência de dor. O desejo de virtude não é um fato tão universal como o desejo de felicidade, mas é tão autêntico quanto este. Os adversários do critério utilitarista acreditam assim ter o direito de inferir que há, além da felicidade, outros fins para a ação humana e que a felicidade não é o critério de aprovação e desaprovação.

Mas a doutrina utilitarista nega que as pessoas desejam a virtude ou sustenta que a virtude não é uma coisa a ser desejada? Muito pelo contrário. Não apenas sustenta que a virtude tem de ser desejada, mas que tem de ser desejada desinteressadamente, por si mesma. Não importa a opinião dos moralistas utilitaristas a respeito das condições originais que fazem com que a virtude seja virtude e nem, tampouco, que eles acreditem (como de fato acreditam) que as ações e as disposições são virtuosas apenas porque promovem outro fim além da virtude. Podemos conceder isso e supor que razões desse teor determinaram o que *é* o virtuoso, pois, ainda assim, os utilitaristas alçam a virtude à posição mais elevada entre as coisas que são boas como meios para alcançar o fim último e, além disso, eles reconhecem, como um fato psicológico, a possibilidade da virtude ser, para o indivíduo, um bem em si mesma, independente de qualquer fim para além dela. Os utilitaristas sustentam ainda que a mente não estará em um estado correto, adequado ao princípio de Utilidade e que melhor conduz à felicidade geral, se não amar a virtude como algo em si mesma desejável, e se não amá-la dessa forma ainda que ela não venha a produzir, no caso particular, aquelas outras consequências desejáveis que tende a produzir e graças às quais é afirmada como virtude. Essa opinião não se afasta em nada do princípio da Felicidade. Os elementos da felicidade são muito variados e cada um deles é desejável em si mesmo e não apenas quando concorrem para a formação de um agregado. O princípio da utilidade não significa que um determinado prazer, como a música, por exemplo, ou uma ausência de dor, como a saúde, devam ser considerados como meios para algo coletivo denominado felicidade e desejados apenas por isso. Eles são desejados e desejáveis em e por si mesmos; além de serem meios, são parte do fim. De acordo com a doutrina utilitarista, a virtude não é naturalmente e originalmente parte do fim, mas pode vir a sê-lo; e já o é para aqueles que a amam desinteressadamente, sendo desejada e apreciada não como um meio para a felicidade, mas como uma parte da sua felicidade.

Para tornar isso mais claro, podemos recordar que a virtude não é, sob este aspecto, um caso único. Há outras coisas que eram originalmente meios e que teriam permanecido indiferentes se não fossem meios para atingir outra coisa, mas que, associando-se com aquilo para que servem de meio, passam a ser desejadas por si mesmas e com a mais elevada intensidade. O que dizer, por exemplo, do amor ao dinheiro? Originariamente, nada há de desejável no dinheiro, não mais do que em qualquer amontoado de pedras reluzentes. Ele não tem outro valor além daquele constituído pelas coisas que permitirá comprar, fornecendo apenas os meios para satisfazer o desejo de coisas distintas dele. Entretanto, o amor ao dinheiro não só é uma das mais poderosas forças motrizes da vida humana como o dinheiro é, muitas vezes, desejado em e por si mesmo; o desejo de possuí-lo é muitas vezes mais forte do que o desejo de usá-lo, e continua aumentando quando se desvanecem todos os desejos que visam fins para além dele e que ele permitia realizar. Pode-se então dizer, com razão, que o dinheiro não é desejado em vista de um fim, mas como parte do fim. Constituindo inicialmente um meio para a felicidade, acaba por se tornar um elemento essencial da concepção de felicidade de um indivíduo. O mesmo se pode dizer da maior parte dos grandes objetivos da vida humana: o poder, por exemplo, ou a fama, com a diferença de que cada um desses traz consigo uma certa dose de prazer imediato que tem ao menos a aparência de ser naturalmente inerente a eles, algo que não se pode dizer do dinheiro. Mas, ainda assim, a mais forte atração natural que tanto o poder como a fama exercem é a imensa ajuda que prestam para a realização de nossos outros desejos. E é a forte associação assim gerada entre eles e todos os nossos objetos de desejo que confere ao desejo direto de poder e de fama a intensidade que muitas vezes assume, intensidade que em algumas pessoas ultrapassa em força todos os outros desejos. Nesses casos, os meios se tornaram uma parte do fim, e uma parte que tem mais importância do que qualquer das coisas para as quais são meios. O que foi uma vez desejado como um instrumento para alcançar a felicidade, passa a ser desejado por si mesmo. Entretanto, ao ser desejado por si mesmo, é desejado como *parte* da felicidade. A pessoa é ou acredita que seria feliz pela sua simples posse e infeliz se não conseguir obtê-lo. Esse desejo não é diferente do desejo de felicidade, não mais do que o amor à música ou o desejo de saúde são diferentes. Eles estão incluídos na felicidade. São alguns dos elementos que compõem o desejo de felicidade. A felicidade não é uma ideia abstrata, mas um todo concreto, e essas são algumas das suas partes. O critério utilitarista sanciona e aprova que assim seja. A vida seria algo muito pobre, com escassas fontes de felicidade, se a natureza não tivesse feito com que as coisas que eram originariamente indiferentes, mas que conduziam ou estavam associadas à satisfação de nossos desejos primitivos, passassem a ser elas mesmas fontes de prazer, e fontes mais valiosas do que os prazeres primitivos, não só em permanência, pela duração que são capazes de atingir na vida humana, como até em intensidade.

Para a concepção utilitarista, a virtude é um bem desse tipo. Na origem, não a desejávamos nem éramos motivados em sua direção, a não ser por sua propriedade de conduzir ao prazer e, especialmente, de prevenir a dor. Mas, pela associação assim formada, pôde aparecer como um bem em si mesma e ser desejada como tal com a mesma intensidade com que desejamos qualquer outro bem. Com a seguinte diferença: enquanto o amor ao dinheiro, ao poder ou a fama podem tornar, e geralmente tornam, o indivíduo nocivo para os outros membros da sociedade a que pertence, não há nada que o torne tão benéfico aos demais do que o cultivo do amor desinteressado à virtude. Consequentemente, o critério utilitarista, embora tolere e aprove aqueles outros desejos adquiridos, pelo menos enquanto não forem mais prejudiciais do que favoráveis à felicidade geral, prescreve e exige o cultivo do amor à virtude na maior medida possível, por ser ela, acima de todas as coisas, importante para a felicidade geral.

Resulta das considerações precedentes que, na realidade, não há nada que se deseje exceto a felicidade. Tudo aquilo que é desejado sem ser como meio para algum fim distinto e, em última análise, como meio para a felicidade, é desejado como parte da felicidade, e não é desejado por si mesmo até que chegue a ser parte desta. Aqueles que desejam a virtude por si mesma a desejam, seja porque a consciência de possuí-la proporciona prazer, seja porque a consciência de sua carência é dolorosa, seja ainda pelas duas razões reunidas; porque, na realidade, o prazer e a dor raramente existem separados, mas quase sempre juntos, sentindo a mesma pessoa prazer por ter alcançado certo grau de virtude e dor por não ter alcançado um grau maior. Se ela não sentisse nem esse prazer nem essa dor, não amaria nem desejaria a virtude, ou a desejaria apenas pelos outros benefícios que pudesse proporcionar-lhe, seja a ela própria, seja às pessoas a quem estimasse.

Temos agora, portanto, uma resposta para a questão sobre o tipo de prova a que é suscetível o princípio de utilidade. Se a opinião que acabei de formular é psicologicamente verdadeira — se a natureza humana é constituída de forma a não desejar nada que não seja, ou uma parte da felicidade, ou um meio para esta —, não temos nem necessitamos de outra prova para sustentar que são essas as únicas coisas desejáveis. Se é assim, a felicidade constitui o único fim da ação humana e sua promoção a pedra de toque pela qual se julga toda a conduta humana; daí se segue, necessariamente, que a felicidade deve ser o critério da moral, já que a parte está incluída no todo.[1]

Decidir se isso é realmente assim, se, de fato, os homens nada desejam para si próprios senão aquilo cuja posse é um prazer para

[1] Para Mill, a Moralidade é uma das esferas da conduta humana, ao lado das esferas da Prudência e da Estética. O princípio da maximização da felicidade deve reger a avaliação da conduta nessas três esferas. Consultar a respeito, o *Sistema de Lógica*, Livro VI, cap. 12, par. 6, onde Mill delineia essas esferas da conduta e os termos de avaliação próprios a cada uma delas. (N.T.)

eles ou cuja ausência proporciona dor, constitui uma questão de fato e de experiência que depende, como todas as questões similares, da evidência. Ela só pode ser resolvida pela prática da autoconsciência e da auto-observação, auxiliadas pela observação dos outros. Creio que essas fontes de evidência, consultadas imparcialmente, mostrarão que desejar uma coisa e achá-la aprazível, ter aversão por ela e considerá-la dolorosa, são fenômenos inteiramente inseparáveis, ou melhor, duas partes do mesmo fenômeno. A rigor, são dois modos diferentes de nomear o mesmo fato psicológico: considerar desejável um objeto (a menos que se tenha em vista suas consequências) e considerá-lo aprazível são uma e a mesma coisa, e desejar algo, sem que esse desejo seja proporcional à ideia de que o objeto é prazeroso, constitui uma impossibilidade física e metafísica.

Isso me parece tão óbvio que dificilmente, presumo, será contestado. A objeção feita não será a de que o desejo pode ser dirigido, em última análise, para algo distinto do prazer e da ausência de dor. Objetarão, sim, que a vontade é uma coisa diferente do desejo; que uma pessoa de comprovada virtude ou com propósitos firmes leva a cabo seus propósitos sem pensar no prazer que experimenta ao contemplá-los ou que espera obter de sua realização, persistindo em agir de acordo com eles mesmo que tais prazeres tenham diminuído bastante devido a mudanças no caráter ou ao enfraquecimento da sensibilidade passiva ou, ainda, tenham sido superados pelas dores que a busca dos propósitos pode ocasionar. Admito perfeitamente tudo isso e já o declarei em outra parte,[2] de modo tão categórico e enérgico quanto qualquer um. A vontade, fenômeno ativo, é uma coisa diferente do desejo, estado de sensibilidade passiva, e embora seja originariamente um ramo deste, pode, com o tempo, criar raízes e separar-se de sua origem; tanto que, no caso de um propósito habitual, em vez de querermos a coisa porque a desejamos, muitas vezes a desejamos apenas porque a queremos. Isso, entretanto, é apenas um exemplo do fato bem conhecido do poder do hábito, e não se restringe ao caso das ações virtuosas. Muitas coisas indiferentes, que os homens em princípio realizavam por um motivo determinado,

[2] *Sistema de Lógica*, Livro VI, cap. 2, par. 4. (N.T.)

continuam sendo realizadas por hábito. Algumas vezes isso se faz inconscientemente e a consciência surge apenas depois da ação; outras vezes, faz-se com volição consciente, mas uma volição que se tornou habitual e é posta em operação pela força do hábito, em oposição, talvez, à preferência deliberada, como muitas vezes ocorre com aqueles que contraíram hábitos de indulgência viciosa ou prejudicial. Em terceiro e último lugar, temos o caso em que o ato habitual de vontade, ocorrendo numa certa ocasião, não está em contradição com a intenção geral que prevalece em outras ocasiões, mas, ao contrário, satisfaz essa intenção, como acontece com a pessoa de comprovada virtude e com todos os que buscam deliberada e constantemente um fim determinado. Assim compreendida, a distinção entre vontade e desejo é um fato psicológico autêntico e de grande importância. Mas esse fato consiste apenas no seguinte: a vontade, como todos os outros aspectos de nossa natureza, é suscetível de se converter em hábito, e podemos querer, por hábito, coisas que já não desejamos por elas mesmas, ou desejá-las apenas porque as queremos. Não é menos verdade que a vontade, no início, é inteiramente produzida pelo desejo, incluindo esse termo tanto a repugnância inspirada pela dor como a atração exercida pelo prazer. Deixemos de lado a pessoa que tem uma comprovada vontade de agir de modo certo, e consideremos aquela cuja vontade virtuosa ainda é fraca, sujeita a tentações e na qual não podemos confiar plenamente. Por quais meios pode essa vontade ser fortalecida? Como é possível incutir ou despertar a vontade de ser virtuoso, onde ela não existe com força suficiente? Somente fazendo com que a pessoa *deseje* a virtude: fazendo-a conceber a virtude como algo agradável ou sua ausência como algo doloroso. Somente associando o agir de modo certo com o prazer, ou o agir de modo errado com a dor, ou, ainda, destacando, imprimindo e tornando acessível à experiência da pessoa o prazer naturalmente inerente ao primeiro e a dor inerente ao segundo, é possível fazer nascer essa vontade de ser virtuoso, vontade que, uma vez assentada, passa a agir sem cogitar o prazer ou a dor. A vontade é filha do desejo, e só abandona o domínio deste para passar a depender do hábito. O fato de uma coisa resultar do hábito não pressupõe que seja intrinsecamente boa. Por isso, se a influência das associações agradáveis e dolorosas que incitam à virtude não fossem insuficientes para garantir uma segura constância de ação sem o apoio do hábito, não haveria razão para desejar que a virtude se tornasse independente do prazer e da dor. O hábito é a única coisa que confere certeza, tanto ao sentimento como à conduta. A vontade de agir de modo certo deve ser cultivada de maneira a assegurar essa independência que decorre do hábito, pois é importante poder confiar absolutamente nos sentimentos e na conduta dos outros, assim como é importante, para a própria pessoa, poder confiar na sua conduta e nos seus sentimentos. Em outras palavras, esse estado da vontade é um meio para o bem, mas não é intrinsecamente um bem. E isso não contradiz a doutrina de que uma coisa não será um bem para os seres humanos se ela não for, ou em si mesma prazerosa, ou um meio para alcançar o prazer e prevenir a dor.

Mas se essa doutrina for verdadeira, o princípio de utilidade estará provado. O que devemos deixar ao exame do leitor atento.

CAPÍTULO V

DA RELAÇÃO ENTRE JUSTIÇA E UTILIDADE

Em todas as épocas do pensamento, um dos mais fortes obstáculos à aceitação da Utilidade ou da Felicidade como critério do certo e do errado tem sido extraído da ideia de Justiça. O poderoso sentimento e a noção aparentemente clara que essa palavra evoca com rapidez e certeza quase instintivas parece revelar, conforme a maioria dos pensadores, uma qualidade inerente às coisas, mostrando que o Justo deve existir na Natureza como algo absoluto, distinto, em geral, de todas as variedades do Conveniente e teoricamente oposto a este, embora, em última análise (como normalmente se reconhece), nunca esteja separado dele na prática.

Nesse caso, como no de todos os nossos outros sentimentos morais, não há qualquer conexão necessária entre a questão da sua origem e a da sua força vinculante. O fato de um sentimento nos ter sido proporcionado pela Natureza não legitima, necessariamente, todas as suas solicitações. O sentimento de justiça pode ser um instinto peculiar e, entretanto, exigir, como todos os nossos outros instintos, o controle e as luzes superiores da razão. Se temos instintos intelectuais que nos levam a julgar de um modo particular, assim como instintos animais que nos incitam a agir de um modo particular, não há necessidade alguma de que os primeiros sejam mais infalíveis na sua esfera do que os segundos na sua: pode bem ocorrer que juízos errados sejam ocasionalmente sugeridos pelos instintos intelectuais, assim como ações erradas pelos instintos animais. Mas, embora uma coisa seja acreditar que temos sentimentos naturais de justiça e outra coisa reconhecê-los como critério supremo da conduta, essas duas opiniões estão, de fato, intimamente relacionadas. Os homens estão sempre predispostos a acreditar que qualquer sentimento subjetivo, que não podemos explicar de outra forma, é a revelação de alguma realidade objetiva. Nossa tarefa agora é determinar se a realidade a que corresponde o sentimento de justiça necessita de uma revelação especial desse tipo, isto é, se a justiça ou a injustiça de uma ação é algo intrinsecamente peculiar e distinto de todas as suas outras qualidades, ou se é apenas uma combinação de algumas dessas qualidades, apresentadas sob um aspecto peculiar. Para os propósitos dessa investigação, tem importância prática considerar se o próprio sentimento de justiça e injustiça é *sui generis* como as nossas sensações de cor e gosto, ou um sentimento derivado, formado pela combinação de outros. É essencial examinar isso porque as pessoas estão, em geral, dispostas a admitir que os ditames da justiça coincidem objetivamente e em parte com o domínio da Conveniência Geral; mas, na medida em que o estado mental e subjetivo do sentimento de Justiça é diferente daquele que normalmente se atribui à simples conveniência e, exceto nos casos mais extremos desta, é muito mais imperativo em suas exigências, as pessoas têm dificuldade para considerar a Justiça apenas como uma espécie particular ou um ramo da utilidade geral, e pensam que sua força vinculante superior requer uma origem totalmente diferente.

Para iluminar essa questão, é necessário tentar determinar qual é o caráter distintivo da justiça ou da injustiça: qual é a qualidade, ou se há alguma qualidade, atribuída em comum a todas as formas de conduta designadas como injustas (pois a justiça, como muitos outros atributos morais, define-se melhor pelo seu contrário) e que as distingue de outras formas de conduta que são também desaprovadas mas às quais não se aplica esse epíteto desaprovador. Se em tudo o que os homens estão habituados a caracterizar como justo ou injusto está sempre presente algum atributo ou coleção de atributos, podemos decidir se esse atributo particular ou combinação de atributos é capaz de reunir a sua volta, em virtude das leis gerais de nossa constituição emocional, um sentimento com esse caráter e intensidade peculiares, ou se o sentimento é inexplicável e deve ser considerado como um dom especial da Natureza. Se constatarmos que se dá o primeiro caso, estaremos, ao resolver essa questão, resolvendo também o problema principal; a dar-se o segundo caso, teremos de buscar outro modo de investigar o nosso problema.

Para encontrar os atributos comuns a uma variedade de objetos, é necessário começar examinando concretamente os próprios objetos. Consideremos portanto sucessivamente os vários modos de ação e os diversos arranjos dos assuntos humanos que, de acordo com a opinião universal ou mais amplamente difundida, são classificados como Justos ou Injustos. As coisas que, reconhecidamente, excitam os sentimentos associados com esses nomes são de caráter múltiplo. Vou revisá-las rapidamente, sem me deter no estudo de qualquer situação particular.

Em primeiro lugar, considera-se muito injusto privar alguém de sua liberdade pessoal, de sua propriedade ou de qualquer outra coisa que lhe pertença legalmente. Eis aí, portanto, um exemplo da aplicação dos termos justo e injusto em um sentido perfeitamente definido, a saber, que é justo respeitar e injusto violar os *direitos legais* de qualquer pessoa. Mas esse juízo admite várias exceções, que provêm das outras formas sob as quais se apresentam as noções de justiça e injustiça. Por exemplo, os direitos de que a pessoa foi privada podem ter sido *confiscados* (como diz a fórmula) — questão que retomaremos posteriormente.

Mas também, e em segundo lugar, os direitos legais de que a pessoa é privada podem ser direitos que não *deviam* ter-lhe pertencido; em outras palavras, a lei que lhe confere esses direitos pode ser uma má lei. Quando é assim, ou quando se supõe que assim seja (o que, para nossos propósitos, é a mesma coisa), haverá divergência entre as opiniões a respeito da justiça ou injustiça da infração à lei. Alguns sustentam que nenhuma lei, por má que seja, deve ser desobedecida por um cidadão individual, e que sua oposição a ela, se manifestada, deve sê-lo apenas com o intuito de fazer com que seja alterada pela autoridade competente. Essa opinião — que condena muitos dos mais ilustres benfeitores da humanidade e que muitas vezes poderia proteger instituições perniciosas contra as únicas armas que, no atual estado de coisas, poderiam ter qualquer chance de vencê-las — é defendida alegando-se razões de conveniência, principalmente esta: seria importante, no interesse comum da humanidade, manter inviolado o sentimento de submissão à lei. Outros sustentam a opinião exatamente contrária: podemos, sem incorrer em culpabilidade, desobedecer qualquer lei considerada má, ainda que esta não tenha sido considerada injusta, mas apenas inconveniente; enquanto outros restringem a permissão de desobediência ao caso das leis injustas. Mas, dizem ainda outros, todas as leis inconvenientes são injustas, pois toda lei impõe alguma restrição à liberdade natural dos homens, restrição essa que é uma injustiça se não for legitimada pelo fato de tender para o bem da humanidade. Em meio a essa diversidade de opiniões parece ser universalmente admitido que pode haver leis injustas e que a lei, consequentemente, não é o critério supremo de justiça, podendo beneficiar uma pessoa ou impor males a outra, o que a justiça condena. Quando, entretanto, uma lei é considerada injusta, parece que a razão pela qual ela é assim considerada é a mesma pela qual se entende que é injusta uma violação da lei, a saber, por infringir o direito de alguém; direito que recebe a denominação diferente de direito moral, já que não pode, nesse caso, ser um direito legal. Podemos dizer, assim, que um segundo caso de injustiça consiste em tirar ou negar a uma pessoa aquilo a que ela tem *direito moral*.

Em terceiro lugar, é universalmente considerado justo que cada pessoa obtenha aquilo (seja bom ou não) que *merece* e injusto que ela receba um bem ou sofra um mal imerecido. Essa é, talvez, a forma mais clara e enfática pela qual se concebe, em geral, a ideia de injustiça. E porque ela envolve a noção de mérito, surge a pergunta: o que constitui o mérito? Falando de maneira geral, entende-se que uma pessoa merece o bem se ela agiu de modo certo e o mal se agiu de modo errado e, em um sentido mais particular, diz-se que merece o bem daqueles a quem faz ou fez bem, e o mal daqueles a quem faz ou fez mal. O preceito de retribuir o bem com o mal nunca foi visto como um caso de cumprimento da justiça, mas como um caso em que as exigências da justiça foram abandonadas em favor de outras considerações.

Em quarto lugar, é reconhecidamente injusto *faltar à palavra* dada a alguém: violar um compromisso, seja expresso ou tácito, ou frustrar as expectativas criadas pela nossa própria conduta, pelo menos se essas expectativas foram criadas consciente e voluntariamente. Assim como as outras obrigações de justiça já mencionadas, essa não é considerada como absoluta, podendo ser anulada por uma obrigação de justiça mais forte e a ela oposta, ou por alguma conduta da pessoa interessada que nos exima da obrigação para com ela e que constitua um *confisco* dos benefícios que ela foi levada a esperar.

Em quinto lugar, é incompatível com a justiça, segundo o consenso universal, ser *parcial*, favorecer ou preferir uma pessoa em detrimento de outra em questões nas quais o favor e a preferência não se aplicam com propriedade. A imparcialidade, entretanto, não parece ser considerada como um dever em si mesma, mas antes como um instrumento para outro dever, pois admite-se que o favor e a preferência nem sempre são censuráveis, e, na realidade, os casos em que são condenados são mais a exceção do que a regra. Seria provavelmente mais censurada do que elogiada a pessoa que, em matéria de favores, não desse prioridade à sua família ou aos seus amigos em relação aos estranhos, sempre que pudesse fazê-lo sem violar qualquer outro dever; e ninguém considera injusto recorrer a uma pessoa, de preferência a outra, por ser ela amiga, parente ou companheira. Quando se trata de direitos, a imparcialidade é, evidentemente, obrigatória, mas está incluída na obrigação mais geral de dar a cada um aquilo a que tenha direito. Um tribunal, por exemplo, deve ser imparcial, porque tem a obrigação de outorgar um objeto de litígio àquela parte que a ele tenha direito, sem atender a nenhuma outra consideração. Há outros casos em que a imparcialidade significa não se deixar influenciar senão pelo mérito, como se dá com aqueles que, na qualidade de juízes, preceptores ou pais, distribuem recompensas e punições. E há, ainda, casos em que significa deixar-se influir apenas pela consideração do interesse público, como ocorre na seleção de candidatos para um emprego público. Em suma, pode-se dizer que a imparcialidade, como uma obrigação de justiça, significa deixar-se influenciar exclusivamente pelas considerações que, supostamente, devem influir no caso particular em questão, e resistir à solicitação de quaisquer motivos que levem a uma conduta diferente da que seria exigida por tais considerações.

Há uma estreita ligação entre a ideia de imparcialidade e a de *igualdade*: esta entra, muitas vezes, como parte componente tanto da concepção de justiça como de sua prática e, aos olhos de muitos, constitui a sua essência. Mas nesse caso, ainda mais do que em qualquer outro, a noção de justiça varia segundo as pessoas, e essas variações correspondem sempre às suas noções de utilidade. Todos sustentam que a igualdade é uma exigência da justiça, exceto quando consideram que a conveniência requer desigualdade. A justiça de dar igual proteção aos direitos de todos é sustentada por aqueles que defendem a mais ultrajante desigualdade nos próprios direitos. Mesmo nos países escravocratas se admite, teoricamente, que os direitos dos escravos devem ser tão sagrados como os dos senhores, e que um tribunal que não consegue fazê-los respeitar com igual rigor carece de justiça. Mas, ao mesmo tempo, não se consideram injustas instituições que quase não concedem ao escravo direitos a serem respeitados, pois essas instituições não são consideradas inconvenientes. Aqueles que supõem que a utilidade exige distinções de classe não consideram injusto que as riquezas e os privilégios sociais se distribuam desigualmente, mas os que julgam essa desigualdade inconveniente, consideram-na também injusta. Os que consideram necessário o governo, não vêm injustiça na desigualdade que se estabelece quando se concede aos magistrados poderes que não são atribuídos às outras pessoas. Mesmo entre os que professam doutrinas igualitárias, há tantas maneiras de conceber o problema da justiça quanto as diferentes opiniões acerca do conveniente. Alguns comunistas acham injusto que o produto do trabalho da comunidade seja dividido segundo qualquer outro princípio que não seja o da estrita igualdade; outros consideram justo que recebam mais aqueles cujas necessidades são maiores, enquanto outros, ainda, sustentam que aqueles que trabalham mais ou produzem mais, ou cujos serviços são mais valiosos para a comunidade, podem reivindicar com justiça uma cota maior na divisão do produto. O sentido de justiça natural pode ser invocado com plausibilidade em apoio de cada uma dessas opiniões.

Entre aplicações tão diversas do termo Justiça, que entretanto não é considerado ambíguo, torna-se difícil apreender o elo mental que as une e de que depende, essencialmente, o sentimento moral vinculado ao termo. Talvez, em meio a essa dificuldade, alguma ajuda possa ser obtida na história da palavra, tal como indica sua etimologia.

Na maioria das línguas, se não em todas, a etimologia da palavra correspondente a Justo revela uma origem ligada, ou à lei positiva, ou com o que foi, na maior parte dos casos, a forma primitiva da lei — o costume que fez autoridade. *Justum* é uma forma de *jussum*: o que é ordenado. *Jus* tem a mesma origem. *Dicaion* procede de *dich*, cujo sentido principal era, pelo menos nos tempos históricos da Grécia, processo. Originalmente, é verdade, significava apenas o modo ou a *maneira* de fazer as coisas, mas logo passou a significar a maneira *prescrita*, aquela que as autoridades patriarcais, judiciais ou políticas impunham. *Recht*, do qual se derivou *right* e *righteous*, é sinônimo de lei. Sem dúvida, o significado original de *recht* não remetia à lei, mas ao que é materialmente direito, assim como *wrong* e seus equivalentes latinos significavam torcido ou *tortuous*. Baseado nesse fato sustenta-se que, na origem, direito não significava lei, mas, ao contrário, lei significava direito. Seja como for, o fato de que as palavras *recht* e *droit* passaram a ter um significado mais restrito à lei positiva, embora muito do que não é exigido pela lei seja igualmente necessário para a retidão moral, revela bem o caráter original das ideias morais, qualquer que seja a derivação dos termos. Os tribunais de justiça e a administração da justiça são os tribunais e a administração da lei. *La Justice*, em francês, é o termo consagrado para designar a magistratura.[1] Creio que não pode haver dúvida de que a *idée mère*, o elemento primitivo na formação da noção de justiça, foi a conformidade à lei. Constituiu toda a ideia de justiça entre os hebreus até o nascimento do Cristianismo, como era de se esperar de um povo cujas leis tentavam abarcar todos os assuntos em que eram necessários preceitos, e que acreditava que tais leis eram uma emanação direta do Ser Supremo. Mas outros povos, em particular os gregos e os romanos, que sabiam que suas leis foram, na origem, e continuavam a ser, criadas pelos homens, não receavam admitir

[1] Este parágrafo foi bastante alterado por Mill nas várias edições do *Utilitarismo*. O texto da primeira edição era o seguinte: "Na maioria das línguas, se não em todas, a etimologia da palavra correspondente a Justo revela uma origem ligada às prescrições da lei. *Justum* é uma forma de *jussum*: o que é ordenado. *Dicaion* procede de *dich*: processo. *Recht*, do qual se derivou *right* e *righteous*, é sinônimo de lei. *La Justice*, em francês, é o termo consagrado para designar a magistratura. Não cometo o erro, atribuído com aparente razão a Horne Tooke,* de admitir que uma palavra conserva sempre o mesmo sentido que tinha em sua origem. A etimologia pouco nos ensina sobre a ideia hoje exprimida pela palavra, mas nos ensina, com perfeição, sobre sua gênese. Creio que não pode haver dúvida..."

* Horne Tooke (1736-1812), filólogo e filósofo inglês. (N.T.)

que os homens podem criar más leis, isto é, que estes podem fazer, por meio da lei e por motivos idênticos, as mesmas coisas que, se tivessem sido feitas sem a sanção da lei, seriam qualificadas de injustas. Assim, o sentimento de injustiça passou a vincular-se não a todas as violações da lei, mas apenas às violações daquelas leis que *deveriam* existir, incluindo as que deveriam existir mas não existem; e passou a vincular-se às próprias leis existentes, quando as julgamos contrárias ao que deveria ser a lei. Dessa forma, a ideia de lei e das suas prescrições permanece predominante na noção de justiça, mesmo quando as leis efetivamente em vigor deixam de ser aceitas como critério de justiça.

É verdade que os homens consideram a ideia de justiça e as obrigações que a acompanham como aplicável a muitas coisas que não são, nem se pretende que sejam, reguladas pela lei. Ninguém deseja que as leis interfiram em todos os detalhes da vida privada e, entretanto, todos admitem que na conduta diária uma pessoa pode revelar-se, e de fato revela-se, justa ou injusta. Mas, mesmo nesse caso, a ideia de infração do que deveria ser lei persiste sob uma forma modificada. A punição dos atos que reputamos injustos sempre nos dará prazer e se harmonizará com os nossos sentimentos do que é adequado, ainda que nem sempre consideremos conveniente que sejam os tribunais a fazê-lo. Renunciamos a esse tipo de satisfação em razão dos inconvenientes que poderia acarretar. Sentiríamos satisfação em ver imposta a conduta justa e reprimida a injustiça, inclusive nos mínimos detalhes, se não tivéssemos, com razão, receio de conferir aos magistrados um poder ilimitado sobre os indivíduos. Quando pensamos que uma pessoa está obrigada a fazer uma coisa que é justa, dizemos, em linguagem corrente, que ela deve ser forçada a fazê-lo. Seria agradável ver a obrigação imposta por alguém que tivesse poder para isso. Se notamos que essa imposição pela lei pode ser inconveniente, lamentamos a impossibilidade, consideramos como um mal a impunidade concedida à injustiça, e nos esforçamos para reparar esse mal dando uma forma enérgica à nossa própria reprovação e à reprovação pública que recairá sobre o ofensor. Assim, a ideia de coação legal ainda é a ideia geradora da noção de justiça, ainda que esta sofra diversas transformações antes de assumir a forma acabada que apresenta num estado avançado da sociedade.

Creio que o exposto acima constitui uma explicação exata da origem e do desenvolvimento progressivo da ideia de justiça. Mas devemos observar que ela não nos permitiu distinguir essa obrigação da obrigação moral em geral. Pois, na verdade, a ideia de sanção penal, que é a essência da lei, faz parte não só da concepção de injustiça, mas da concepção de tudo aquilo que é errado. Não qualificamos nenhum ato de errado se não queremos dizer, com isso, que a pessoa deva ser, de uma forma ou de outra, punida pelo que fez, seja pela lei, seja pela opinião de seus semelhantes ou, ainda, pelas reprovações de sua própria consciência. Essa parece ser a verdadeira chave da distinção entre a moral e a simples conveniência. Faz parte da noção de Dever, em todas as suas formas, que uma pessoa possa ser legitimamente forçada a cumpri-lo. O Dever é algo que pode ser *exigido* de uma pessoa, tal como se exige o pagamento de uma dívida. E não diremos que essa pessoa tem um dever se não entendermos que este pode ser exigido dela. Por razões de prudência ou para resguardar o interesse de outras pessoas, pode ser preferível não exigir o cumprimento efetivo, mas a própria pessoa, como se entende facilmente, não estaria autorizada a protestar. Há outras coisas, pelo contrário, que desejaríamos que as pessoas fizessem, que as tornariam amáveis ou admiráveis ou, caso não o façam, antipáticas ou desprezíveis, mas que, não obstante, admitimos que não estão obrigadas a fazer. Pois não se trata, nesse caso, de uma obrigação moral: não condenamos essas pessoas, isto é, não pensamos que elas devam ser punidas. O modo como chegamos a elaborar essas ideias de punição merecida e imerecida talvez se esclareça adiante; mas creio não haver dúvidas de que essa distinção está na base das noções de certo e errado e de que chamamos uma conduta de errada ou empregamos, em vez deste, qualquer outro termo de desagrado ou desprezo, conforme acharmos que a pessoa deva ou não ser punida em razão dessa conduta; e dizemos que seria certo proceder desta ou daquela maneira, ou, alternativamente, que seria desejável ou louvável, conforme desejarmos ver a pessoa de que se trata forçada ou simplesmente persuadida e exortada a proceder dessa maneira.[2]

[2] Consultar a respeito a argumentação e os esclarecimentos do professor Bain* em um admirável capítulo (intitulado "As Emoções Éticas, ou o Sentido Moral") do segundo dos dois tratados que formam o seu elaborado e profundo trabalho sobre a Mente. (N.A.)

Sendo essa, portanto, a diferença característica que distingue a moralidade em geral, mas não a justiça, dos domínios da Conveniência e do Admirável (*Worthiness*), resta ainda averiguar o aspecto que distingue a justiça dos outros ramos da moralidade. Sabe-se que os autores que tratam da ética dividem os deveres morais em duas classes, denotados por duas expressões impróprias: deveres de obrigação perfeita e deveres de obrigação imperfeita. Estes últimos são aqueles em que, apesar do ato ser obrigatório, as ocasiões particulares para realizá-lo são deixadas à nossa escolha, como ocorre no caso da caridade e da beneficência, que estamos, de fato, obrigados a praticar, mas não em relação a pessoas determinadas nem em um momento definido. Na linguagem mais precisa da Filosofia do Direito, deveres de obrigação perfeita são aqueles em virtude dos quais se gera um *direito* correlativo em uma ou mais pessoas; deveres de obrigação imperfeita são aquelas obrigações morais que não geram qualquer direito. Creio que se notará que a distinção coincide exatamente com aquela existente entre a justiça e as outras obrigações da moralidade. No nosso exame das diversas acepções correntes do termo justiça, este parecia, em geral, implicar a ideia de um direito pessoal — um título pertencente a um ou mais indivíduos, como aquele que a lei concede quando confere uma propriedade ou um outro direito legal. Quer a injustiça consista em privar uma pessoa do que ela possui, ou em faltar-lhe à palavra dada, ou em tratá-la pior do que merece ou pior do que a outras pessoas que não gozem de maiores direitos, em qualquer dos casos a suposição implica duas coisas: um dano causado e uma pessoa determinada a quem se causou o dano. Também se pode cometer uma injustiça tratando uma pessoa melhor do que a outras, mas, nesse caso, o dano é causado a seus rivais, que são também pessoas determinadas. Parece-me que essa característica apresentada — o direito de uma pessoa, correlativo à obrigação moral — constitui a diferença específica entre a justiça e a generosidade ou a beneficência. A justiça implica algo que não só é certo fazer e errado não fazer, mas também algo que um indivíduo pode reclamar de nós como seu direito moral. Ninguém tem direito moral à nossa generosidade ou beneficência, pois não estamos moralmente obrigados a praticar

* Alexander Bain (1818-1903), discípulo de Mill. (N.T.)

essas virtudes com nenhum indivíduo determinado. E os exemplos que parecem contradizer essa definição são os que mais a confirmam, como, aliás, sucede com qualquer definição correta. Com efeito, se um moralista tenta, como muitos tentaram, estabelecer que os homens em geral, embora não um indivíduo determinado, têm direito a todo o bem que pudermos fazer-lhes, imediatamente incluirá, ao defender essa tese, a generosidade e a beneficência na categoria da justiça. Ele estará obrigado a dizer que os maiores esforços são por nós *devidos* aos nossos semelhantes, esforços que são assimilados assim a uma dívida, ou, ainda, terá que afirmar que não podemos fazer menos do que isso para *retribuir* o que a sociedade faz em nosso favor, classificando assim o caso como de gratidão. Ora, ambos são, reconhecidamente, casos de justiça. Sempre que há um direito, trata-se de um caso de justiça e não de virtude da beneficência, e quem não estabelecer a distinção entre a justiça e a moralidade em geral onde nós acabamos de a estabelecer, não fará afinal qualquer distinção entre elas, mas reduzirá toda a moralidade à justiça.

Tentamos, assim, determinar os elementos distintivos que compõem a ideia de justiça, e estamos preparados agora para investigar se o sentimento que acompanha essa ideia se vincula a ela por meio de uma disposição especial da natureza ou se, mediante leis conhecidas, pôde originar-se da própria ideia; e, em particular, para examinar se considerações de conveniência geral não estão na origem do sentimento.

Creio que o sentimento mesmo não se origina de algo que normalmente, ou apropriadamente, chamaríamos de ideia de conveniência, embora aquilo que existe de moral nesse sentimento tenha essa origem.

Vimos que os dois componentes essenciais do sentimento de justiça são o desejo de punir a pessoa que causou um dano e o conhecimento ou a crença de que o dano foi causado a um ou mais indivíduos determinados.

Ora, parece-me que o desejo de punir uma pessoa que fez um dano a alguém é um produto espontâneo de dois sentimentos, ambos naturais no mais alto grau, e que são, ou se assemelham, a instintos: o impulso de autodefesa e o sentimento de simpatia.

É natural ressentir, rejeitar ou vingar qualquer dano que se faça ou que se tente fazer contra nós mesmos ou contra aqueles com quem simpatizamos. Não é necessário discutir aqui a origem desse sentimento. Seja um instinto ou um produto da inteligência, sabemos que é comum a toda a natureza animal, já que todo animal tenta ferir aqueles que feriram, ou que ele crê que estão prestes a fazê-lo, a si próprio ou as suas crias. A esse respeito, os seres humanos diferem dos outros animais em dois aspectos somente. Em primeiro lugar, por serem capazes de simpatizar não apenas com a sua prole ou, como alguns dos animais mais nobres, com os animais superiores que são bondosos com eles, mas também com todos os seres humanos, e até mesmo com todos os seres dotados de sensibilidade. Em segundo lugar, por possuírem uma inteligência mais desenvolvida, que amplia o âmbito de todos os seus sentimentos, tanto os relativos a ela mesma como os de simpatia. Em virtude de sua inteligência superior, e mesmo não levando em conta a maior abrangência de suas simpatias, um ser humano é capaz de conceber uma comunhão de interesses entre ele próprio e a sociedade humana a que pertence, de tal modo que qualquer conduta que ameace a segurança da sociedade em geral será uma ameaça para a sua própria segurança e despertará seu instinto (se é que se trata de um instinto) de autodefesa. A mesma superioridade de inteligência, aliada ao poder de simpatizar com os seres humanos em geral, torna-o capaz de se identificar com a ideia coletiva de sua tribo, de seu país ou de humanidade, de tal modo que qualquer ato prejudicial a estes despertará o seu instinto de simpatia e o incitará a resistir.

Assim, creio que o sentimento de justiça, considerado em um de seus elementos, o desejo de punir, é o sentimento natural de represália ou vingança, aplicável, graças ao intelecto e à simpatia, aos malefícios, isto é, aos danos, que nos atingem por meio da sociedade em geral ou juntamente com ela. Esse sentimento não tem, em si mesmo, nada de moral; o que é moral é sua subordinação exclusiva às simpatias sociais, que o faz aguardar e obedecer à solicitação destas. Pois o sentimento natural tende a nos fazer ressentir indiscriminadamente tudo aquilo que é feito de desagradável a nós, mas, quando moralizado pelo sentimento social, só atua nas direções que se conformam com o bem geral: uma pessoa justa ressente o dano feito à sociedade, ainda que não seja, de outro modo, um dano para si própria, e não ressente um dano feito a ela mesma, por mais doloroso, se a sua repressão não interessar tanto à sociedade como a ela mesma.

Não constitui uma objeção contra essa doutrina afirmar que quando sentimos afrontado o nosso sentimento de justiça não estamos considerando a sociedade em geral ou qualquer interesse coletivo, mas apenas o caso individual. É certamente muito comum, embora nada louvável, sentirmos ressentimento apenas porque sofremos um desgosto; mas uma pessoa cujo ressentimento é realmente um sentimento moral, isto é, que considera primeiro se um ato é condenável antes de se permitir ressenti-lo, tal pessoa, ainda que não diga expressamente para si mesma que está cuidando do interesse da sociedade, certamente sente que está defendendo uma regra que beneficia tanto os outros como ela própria. Se ela não sente isso, se está considerando o ato somente enquanto a afeta individualmente, ela não é conscientemente justa, não se preocupando, nesse caso, com a justiça de seus atos. Isso é admitido até mesmo pelos moralistas antiutilitaristas. Quando Kant (como observamos anteriormente) propõe, como o princípio fundamental da moral: "Age de tal maneira que tua regra de conduta possa ser adotada como lei por todos os seres racionais", ele reconhece, virtualmente, que o interesse da humanidade como coletividade, ou pelo menos da humanidade considerada indistintamente, deve estar presente na mente do agente quando este decide conscientemente sobre a moralidade de um ato. De outro modo, Kant teria empregado palavras sem significado: pois não é plausível sustentar que uma regra, mesmo do mais exacerbado egoísmo, não tem *possibilidade* de ser adotada por todos os seres racionais, que há um obstáculo insuperável na natureza das coisas para a sua adoção. Para conferir significado ao princípio de Kant, será preciso entendê-lo no seguinte sentido: devemos moldar a nossa conduta por uma regra que todos os seres racionais possam adotar *com benefício para os seus interesses coletivos.*

Recapitulemos. A ideia de justiça supõe duas coisas: uma regra de conduta e um sentimento que sanciona a regra. Devemos supor que a primeira é comum a toda a humanidade e dirigida ao seu bem. A segunda (o sentimento) é o desejo de que sofram punição os que infringem a regra. Está implícita, ainda, a noção de uma determinada pessoa que sofre pela infração da regra e cujos direitos (para usar uma expressão apropriada para o caso) são assim violados. E o sentimento de justiça parece-me ser o desejo animal de repelir ou vingar um malefício ou dano feito a nós próprios ou àqueles com quem simpatizamos, desejo esse que, devido à capacidade humana de ampla simpatia e à concepção humana de autointeresse inteligente, é alargado de modo a incluir todas as pessoas. É desses últimos elementos que o sentimento deriva sua moralidade; dos primeiros deriva seu peculiar poder impressivo e sua força de autoafirmação.

No curso de toda minha exposição, a ideia de um *direito* que reside na pessoa injuriada e que é violado pela injúria, foi tratada, não como um elemento independente na composição da ideia e do sentimento de justiça, mas como uma das formas de que se revestem os outros dois elementos. Esses elementos são, de um lado, o dano feito a uma ou várias pessoas determinadas, de outro lado, a exigência de punição. Creio que um exame de nossas próprias mentes mostrará que esses dois elementos incluem tudo o que queremos dizer quando falamos da violação de um direito. Quando falamos do direito de uma pessoa sobre uma coisa, queremos dizer que essa pessoa pode exigir, com razão, que a sociedade a proteja na posse dessa coisa, seja pela força da lei, seja pela da educação e da opinião. Se, para obter a garantia de posse conferida pela sociedade, a pessoa dispõe do que, por qualquer motivo, consideramos como títulos suficientes, dizemos que tem direito a essa coisa. Se desejamos provar que uma coisa não lhe pertence por direito, consideramos que a prova está encerrada assim que for admitido que a sociedade não deve tomar medidas para assegurar-lhe a coisa, mas deve deixar a questão ser resolvida pelo acaso ou pelos esforços da própria pessoa. Assim, diz-se que uma pessoa tem direito àquilo que ela pôde ganhar por meio de uma competição leal em sua profissão, porque a sociedade não deve permitir que qualquer outra pessoa a impeça de tentar ganhar dessa maneira tanto quanto possa. Mas uma pessoa não tem direito a trezentas libras por ano, embora possa ocorrer que as ganhe, pois a sociedade não está obrigada a proporcionar-lhe tal soma. Ao contrário, se ela possui investimentos no valor de dez mil libras a três por cento, tem direito a trezentas libras anuais, porque a sociedade contraiu a obrigação de lhe proporcionar o rendimento dessa soma.

Ter um direito é, pois, na minha concepção, ter algo cuja posse a sociedade deve defender. Se algum opositor insistir e perguntar por que a sociedade deve fazê-lo, não posso dar-lhe outra razão além da utilidade geral. Se essa expressão não parece traduzir suficientemente o sentimento de força de obrigação, nem dar conta da peculiar energia do sentimento, é porque há, na composição do sentimento, não só um elemento racional mas também um elemento animal, o anseio de vingança. Esse anseio deriva sua intensidade, bem como sua justificação moral, do tipo de utilidade extraordinariamente importante e impressionante a que corresponde. O interesse envolvido é o da segurança, que cada um de nós sente ser o mais vital de todos os interesses. Quase todos os outros benefícios terrestres são caros a umas pessoas mas não a outras e, se necessário, pode-se renunciar alegremente a muitos deles ou substituí-los por outros. Mas nenhum ser humano pode prescindir da segurança. Dela depende toda a nossa imunidade ao mal e graças a ela conferimos, para além do momento passageiro, pleno valor a todos e a cada um dos bens. Pois não poderíamos conferir valor senão à satisfação do presente, se, no instante seguinte, pudéssemos ser privados de tudo por alguém que fosse momentaneamente mais forte do que nós. Ora, a segurança, a mais indispensável de todas as necessidades depois do alimento físico, só pode ser obtida se a maquinaria que a produz funcionar ininterruptamente. Assim, quando exigimos de nossos semelhantes que unam os seus esforços para conservar os alicerces da nossa existência, a noção que nos fazemos de uma tal exigência congrega à sua volta sentimentos muito intensos. E de tal forma mais intensos do que os sentimentos que correspondem aos casos mais comuns de utilidade, que a diferença de grau em relação a estes se converte (como muitas vezes acontece na vida psicológica) em uma verdadeira diferença qualitativa. A exigência assume aquele caráter absoluto, aquela aparente infinitude e incomensurabilidade em relação a todas as outras considerações, caracteres que constituem a diferença entre o sentimento do certo e do errado e o da vulgar conveniência e inconveniência. Os sentimentos envolvidos são tão poderosos e esperamos com tanta confiança encontrar nos outros um sentimento equivalente ao nosso (já que estão todos igualmente interessados), que o *deve* e o *deveria* se tornam um *ter que ser*, e a reconhecida indispensabilidade torna-se uma necessidade moral, análoga à necessidade física e muitas vezes não inferior a esta em força vinculante.

Se a análise precedente, ou qualquer outra análoga, não é a explicitação válida da noção de justiça, se a justiça é totalmente independente da utilidade e constitui um critério *per se* que a mente pode reconhecer por simples introspecção, então, é difícil entender porque esse oráculo interno é tão ambíguo e porque tantas coisas parecem justas ou injustas conforme a luz em que são consideradas.

Somos incessantemente advertidos de que a Utilidade é um critério incerto que cada pessoa interpreta de um modo distinto e de que só há certeza nos imutáveis, indestrutíveis e inequívocos ditames da Justiça, que trazem consigo sua própria evidência e não dependem das flutuações da opinião. Seria de se supor, de acordo com isso, que em questões de justiça não há lugar para controvérsia, isto é, que se adotássemos a justiça como regra, sua aplicação a um caso determinado qualquer não suscitaria mais dúvidas do que uma demonstração matemática. Mas isso está tão longe de ser certo que há, a respeito do que é justo, tantas divergências de opinião e tantas discussões acaloradas como a respeito do que é útil à sociedade. Não só nações e indivíduos diferentes possuem noções distintas de justiça, mas, na mente de um mesmo indivíduo, a justiça não se traduz por uma única regra, princípio ou máxima, mas por várias, que nem sempre coincidem em seus ditames e em cuja escolha o indivíduo se guia, ou por algum critério externo, ou por suas próprias predileções pessoais.

Há, por exemplo, quem diga que é injusto punir alguém para dar o exemplo aos outros e que a punição só é justa quando pretende o bem do próprio punido. Outros sustentam exatamente o contrário, argumentando que punir, para seu próprio bem, pessoas que já têm idade para discernir, é um despotismo e uma injustiça, pois se o que está em questão é apenas o bem próprio, ninguém terá o direito de controlar o que cada um julga como seu bem; mas consideram que tais pessoas podem ser punidas com justiça para prevenir males a outras pessoas, sendo isso um legítimo exercício do direito de autodefesa. Em contrapartida, o Sr. Owen[3] afirma que é, de qualquer maneira, injusto punir, pois o criminoso não formou o seu próprio caráter; foi a sua educação e as circunstâncias ao seu redor, pelas quais não é responsável, que o tornaram um criminoso. Todas essas opiniões são extremamente plausíveis e, enquanto discutirmos a questão considerando-a simplesmente como uma questão da justiça, sem descer até aos princípios que subjazem à justiça e que são a fonte de sua autoridade, não vejo como qualquer um desses arguidores pode ser refutado. Pois, na realidade, cada um dos três se baseia em regras de justiça reconhecidas como verdadeiras. O primeiro apela à reconhecida injustiça de eleger um indivíduo, sem seu consentimento, para ser sacrificado em benefício de outras pessoas. O segundo apoia-se na reconhecida justiça da autodefesa e na confessada injustiça de forçar uma pessoa a aceitar a opinião das outras sobre o que constitui o seu próprio bem. O partidário de Owen invoca o reconhecido princípio de que é injusto punir alguém por aquilo que não pôde evitar. Cada uma dessas posições triunfa quando seu defensor não é obrigado a levar em consideração outras máximas de justiça além daquela que selecionou, mas, assim que as várias máximas são confrontadas, cada um dos contendores parece ter tanto a dizer, em sua própria defesa, quanto os outros. Nenhum deles pode desenvolver a sua própria noção de justiça sem atropelar outra de igual força. Essas são as dificuldades. Elas sempre foram reconhecidas como tais e muitos expedientes foram inventados, mais para contorná-las do que para superá-las. Como uma saída para a última das três posições mencionadas, os homens conceberam o que se chamou de liberdade da vontade, imaginando que não poderiam justificar a punição de um indivíduo cuja vontade se encontra em um estado totalmente detestável, a menos que se suponha que ele chegou a tal estado sem ter sido influenciado por circunstâncias anteriores. Para escapar das outras dificuldades, o artifício predileto tem sido a ficção de um contrato, graças ao qual, em um período desconhecido, todos os membros da sociedade se teriam comprometido a obedecer às leis e consentido

[3] Robert Owen (1771-1858), socialista britânico cujo determinismo Mill discute no *Sistema de Lógica*, Livro VI, cap. 2. (N.T.)

em ser punidos por qualquer desobediência a elas, conferindo assim aos legisladores o direito, que se presume não poderiam ter adquirido por outra forma, de os punir, seja para o seu próprio bem, seja para o da sociedade. Considerou-se que essa feliz ideia afastava toda a dificuldade e legitimava a imposição da punição, em virtude de outra reconhecida máxima de justiça, *volenti non fit injuria*: não é injusto o que se faz com o consentimento da pessoa supostamente prejudicada por isso. É desnecessário observar que, mesmo se o consentimento não fosse uma mera ficção, essa máxima não possui autoridade superior às outras que pretende substituir. Trata-se, pelo contrário, de um elucidativo exemplo da maneira irregular e pouco rigorosa como se originam os supostos princípios de justiça. Esse princípio em particular foi, evidentemente, introduzido para atender às sumárias exigências dos tribunais de justiça, que por vezes são obrigados a contentar-se com suposições bastante incertas, devido aos males que resultariam de qualquer tentativa sua para agir com mais sutileza. Mas até mesmo os tribunais de justiça são incapazes de aderir, de modo consistente, a essa máxima, pois admitem que os compromissos assumidos voluntariamente sejam descartados em caso de fraude e, por vezes, em caso de mero erro ou má informação.

Além disso, uma vez admitida a legitimidade da imposição da punição, surgem muitas concepções divergentes de justiça quando se discute a proporção de castigo adequada ao delito. A esse respeito, nenhuma regra é mais atraente ao sentimento primitivo e espontâneo de justiça do que a *lex talionis*: olho por olho, dente por dente. Embora esse princípio das leis judaica e maometana tenha sido em geral abandonado na Europa como máxima prática, suspeito que há, na maior parte das mentes, um secreto e ardente anseio por ele; e quando o castigo ao ofensor toma acidentalmente aquela forma precisa, o sentimento geral de satisfação que se manifesta mostra como é natural o sentimento que torna aceitável essa modalidade de compensação na mesma moeda. Para muitos, a justiça na imposição da pena seria determinada pela proporção entre o castigo e o delito, o que quer dizer que o castigo deve ser medido exatamente pela culpabilidade moral do acusado (qualquer que seja o critério para medir a culpabilidade moral). De acordo com essa postura, nada teria a ver com a questão da justiça a apreciação da dose de punição necessária para prevenir o delito. Outros, ao contrário, para os quais essa apreciação é tudo, sustentam que não é justo, pelo menos para o homem, infligir a um semelhante, sejam quais forem seus delitos, uma quantidade de sofrimento superior àquela que bastaria para impedi-lo de repetir sua má conduta e a outros de imitá-la.

Tomemos outro exemplo de um tema a que já nos referimos. Em uma associação industrial cooperativa, é ou não justo que o talento ou a habilidade deem direito a uma remuneração mais elevada? Os que respondem negativamente argumentam que quem faz o melhor que pode tem igual merecimento, e não deve, com justiça, ser posto em uma posição de inferioridade por algo que não é culpa sua; alegam ainda que habilidades superiores já possuem vantagens suficientes na admiração que suscitam, na influência pessoal que permitem e nas fontes internas de satisfação que proporcionam, sem que seja preciso acrescentar a isso uma participação superior nos bens do mundo. Conforme essa opinião, a sociedade, para ser justa, tem que compensar os menos favorecidos por essa imerecida desigualdade de vantagens, de preferência a agravá-la. A opinião contrária a essa alega: a sociedade recebe mais do trabalhador mais eficiente; seus serviços, sendo mais úteis, merecem da sociedade melhor remuneração; uma parcela maior do resultado conjunto é obra do trabalhador mais eficiente, sendo uma espécie de roubo não admitir seu direito a ela, já que se recebesse o mesmo que os demais só se poderia exigir, com justiça, que produzisse tanto quanto os outros e que empenhasse assim uma quantidade menor de tempo e esforço, proporcional à sua eficiência superior. Quem decidirá entre esses apelos a princípios antagônicos de justiça? A justiça apresenta, nesse caso, duas faces que é impossível harmonizar, e os dois contendores escolheram faces opostas: um considera o que é justo que o indivíduo receba, e o outro o que é justo que a comunidade conceda. Cada um se encontra, do seu próprio ponto de vista, numa posição irrefutável e qualquer escolha entre eles, com base na justiça, terá que ser perfeitamente arbitrária. Só a utilidade social pode decidir a prioridade.

Além disso, são muitos e irreconciliáveis os critérios de justiça a que se faz referência quando se discute a repartição dos impostos. Segundo uma das opiniões, o pagamento ao Estado deveria ser proporcional aos recursos pecuniários. Outros consideram que a justiça exige aquilo a que chamam imposto progressivo: uma porcentagem maior deve ser imposta àqueles que têm mais para gastar. Do ponto de vista da justiça natural, pode-se apresentar uma sólida razão para que não se leve em consideração os recursos econômicos e para que todos paguem a mesma soma absoluta (sempre que possível), tal como os sócios de um clube pagam todos a mesma soma pelos mesmos privilégios, estejam ou não em iguais condições de a poder pagar. Porque a proteção (como se poderia dizer) da lei e do governo é concedida a todos e requerida por todos por igual, não seria injustiça fazer com que todos a paguem pelo mesmo preço. Considera-se uma justiça, e não injustiça, que um comerciante cobre de todos os clientes o mesmo preço pelo mesmo artigo, e não um preço que varie conforme os recursos de pagamento. Essa doutrina, quando aplicada à tributação, não encontra defensores, pois colide fortemente com os nossos sentimentos de humanidade e com as nossas percepções de conveniência social. Entretanto, o princípio de justiça que a doutrina invoca é tão verdadeiro e tão obrigatório como aqueles a que se poderia recorrer contra ela. Assim, essa doutrina exerce uma influência tácita nos meios empregados para defender outros modos de avaliar a tributação. Para justificar a contribuição superior exigida dos ricos, as pessoas se sentem obrigadas a argumentar que o Estado faz mais pelos ricos do que pelos pobres, ainda que isso não seja, na realidade, verdade, pois os ricos estariam muito mais capacitados para se protegerem, na ausência de lei ou de governo, do que os pobres, e provavelmente conseguiriam converter estes em seus escravos. Outros, ainda, vão mais longe na adesão à semelhante concepção de justiça, sustentando que todos deveriam pagar um imposto igual pela proteção das suas pessoas (sendo estas de igual valor para todos) e um imposto desigual pela proteção de seus bens, que são desiguais. A isso outros replicam que o conjunto dos bens de um homem tem para ele tanto valor quanto o conjunto dos bens de um outro. Só o utilitarismo fornece um meio para aclarar essas confusões.

Será, então, a diferença entre o Justo e o Conveniente uma distinção meramente imaginária? Esteve a humanidade iludida ao pensar que a justiça é uma coisa mais sagrada do que a habilidade política e que esta última só deve ser escutada depois de ter sido satisfeita a primeira? De forma alguma. A exposição que oferecemos da natureza e da origem desse sentimento reconhece uma distinção real; e aqueles que professam o mais sublime desprezo pelas consequências das ações como um elemento da moralidade destas não atribuem mais importância do que eu a essa distinção. Embora eu conteste as pretensões de qualquer teoria que estabeleça um critério imaginário de justiça não fundamentado na utilidade, considero a justiça fundamentada na utilidade a parte mais importante e incomparavelmente a mais sagrada e obrigatória de toda a moralidade. Justiça é o nome dado para certas classes de regras morais que mais estreitamente dizem respeito às condições essências do bem-estar humano e são, portanto, mais rigorosamente obrigatórias do que todas as outras regras que orientam nossa vida. A noção que consideramos ser da essência da ideia de justiça, a de um direito que reside em um indivíduo, implica e comprova essa obrigação mais rigorosa.

As regras morais que proíbem os homens de se prejudicar uns aos outros (entre as quais nunca devemos deixar de incluir a interferência incorreta com a liberdade de outrem) são mais vitais para o bem-estar humano do que quaisquer outras máximas que, por mais importantes que sejam, apenas indicam o melhor modo de conduzir determinado setor dos assuntos humanos. Elas também possuem a peculiaridade de constituírem o principal elemento para a determinação do conjunto dos sentimentos sociais da humanidade. Só a observância dessas regras preserva a paz entre os seres humanos: se a obediência a elas não fosse a regra e a desobediência a exceção, cada um veria no outro um provável inimigo contra o qual deveria estar permanentemente alerta. E, o que talvez não seja menos importante, os homens têm os mais fortes e diretos motivos para se incutir reciprocamente esses preceitos. Limitando-se a dar conselhos ou exortações recíprocas de prudência, os homens não ganhariam, ou pensam que não ganhariam, nada. Há um interesse inequívoco em inculcar uns nos outros o dever de beneficência positiva, mas num grau muito menor: uma pessoa pode não precisar dos benefícios dos outros, mas necessita sempre que não lhe façam dano. Assim, as regras morais que protegem cada indivíduo dos prejuízos que outros poderiam ocasionar, seja diretamente, seja impedindo-o de buscar livremente o seu próprio bem, são, ao mesmo tempo, as que lhe são mais caras e as que mais interesse tem em divulgar e impor pela palavra e ação. É a observância dessas regras que prova e decide a aptidão de uma pessoa para fazer parte da comunidade dos seres humanos, pois disso depende que ela seja ou não nefasta para aqueles com os quais está em contato. Ora, são fundamentalmente essas regras morais que constituem as obrigações de justiça. Os casos mais notórios de injustiça, e que conferem a sensação de repugnância que caracteriza o sentimento, são os atos de agressão incorreta ou de incorreto exercício do poder sobre alguém, e em seguida, os casos em que alguém é privado, de modo incorreto, de algo a que tem direito. Em ambos os casos inflige-se à pessoa um dano positivo, seja na forma de sofrimento direto, seja na forma de privação de um bem com o qual ela tinha motivos razoáveis, de ordem física ou social, para contar.

Os mesmos motivos poderosos que ordenam a observância dessas regras morais fundamentais prescrevem a punição daqueles que as violam; e, porque os impulsos de autodefesa, de defesa de outrem e de vingança são despertados contra tais pessoas, a desforra ou a paga do mal com o mal se ligam intimamente ao sentimento de justiça e são universalmente incluídos na ideia que dela temos. Retribuir o bem com o bem constitui também um dos ditames da justiça, mas esse ditame, ainda que sua utilidade social seja evidente e ainda que responda a um sentimento humano natural, não apresenta, à primeira vista, aquela conexão óbvia com o dano ou a injúria, conexão essa que, existindo nos casos mais elementares de justiça e injustiça, é a fonte da intensidade característica do sentimento. Mas a conexão, embora menos óbvia, não é menos real. Uma pessoa que aceita benefícios e nega retribuí-los, quando isso é necessário, inflige um dano real, frustrando uma das expectativas mais naturais e razoáveis, expectativas que a própria pessoa deve ter, ao menos implicitamente, encorajado, pois de outra forma os benefícios não teriam sido concedidos a ela. O importante lugar que, entre os males e erros humanos, ocupa a frustração das expectativas, se revela no fato de que constitui o principal fator da culpabilidade de dois fatos altamente imorais como a quebra de amizade e a de uma promessa. Entre os danos que um ser humano pode sofrer, poucos são mais graves e nenhum fere mais do que aquele que o atinge quando alguém em quem confiava habitualmente e com plena segurança falha num momento de necessidade; poucos erros são mais graves do que essa mera recusa de fazer um bem: nenhuma excita mais ressentimento, quer na pessoa que o sofre, quer em um espectador simpatizante. Portanto, o princípio de dar a cada qual o que merece, isto é, de pagar o bem com o bem e o mal com o mal, está não apenas incluído na ideia de Justiça, tal como a definimos, como é o objeto próprio daquela intensidade de sentimento que situa o Justo, na avaliação dos homens, acima da simples Conveniência.

A maioria das máximas de justiça em uso no mundo e que se invocam normalmente nos assuntos humanos são apenas meios que colaboram para efetivar os princípios de justiça de que falamos. Dizer que uma pessoa só é responsável por aquilo que ela fez voluntariamente ou que poderia, voluntariamente, ter evitado; que é injusto condenar uma pessoa sem a ouvir; que a punição deve ser proporcional à ofensa, são máximas que, assim como outras semelhantes, tratam de impedir que o justo princípio de pagar o mal com o mal seja pervertido com a imposição injustificada do mal. A maior parte dessas máximas comuns entraram em uso por meio da atuação dos tribunais de justiça, que foram naturalmente conduzidos a um reconhecimento e elaboração, mais completo do que provavelmente ocorreria em outra parte, das regras necessárias ao cumprimento de sua dupla função: infligir punição a quem a mereça e reconhecer a cada pessoa o seu direito.

A imparcialidade, a primeira das virtudes judiciais, é uma obrigação de justiça, em parte pela razão que acabamos de mencionar, já que é uma condição necessária para o cumprimento das outras obrigações de justiça. Mas essa não é a única origem da elevada posição que as máximas de igualdade e imparcialidade ocupam entre as obrigações humanas, máximas que, tanto na avaliação popular como na dos mais esclarecidos, estão incluídas entre os preceitos de justiça. Sob um ponto de vista, elas podem ser consideradas corolários dos princípios já estabelecidos. Se é um dever tratar cada um segundo seus méritos, retribuindo o bem com o bem assim como reprimindo o mal com o mal, segue-se necessariamente que devemos tratar igualmente bem (quando nenhum dever mais elevado proíbe) todos aqueles que de nós merecem igualmente o bem, e que a sociedade deve tratar igualmente bem todos aqueles que dela merecem igualmente o bem, isto é, todos aqueles que têm, em termos absolutos, o mesmo mérito. Esse é o critério abstrato mais elevado da justiça distributiva e social. Seria preciso que todas as instituições e que os esforços de todos os cidadãos virtuosos convergissem, no maior grau possível, para esse critério. Mas esse grande dever moral se baseia em um fundamento ainda mais profundo, sendo uma emanação direta do primeiro princípio da moral e não um mero corolário lógico de doutrinas secundárias ou derivadas. Ele está envolvido no próprio significado da Utilidade ou Princípio da Maior Felicidade. Esse princípio será uma mera forma verbal desprovida de sentido racional se a felicidade de uma pessoa não contar exatamente tanto quanto a de outra, sempre que essa felicidade for igual em grau (com as devidas ressalvas segundo sua qualidade). Satisfeitas essas condições, a máxima de Bentham, "cada um deve contar por um e ninguém por mais do que um", poderia ser inscrita sob o princípio de utilidade como comentário explicativo.[4] Na avaliação do moralista e do

[4] Essa implicação do primeiro princípio da teoria utilitarista, a perfeita imparcialidade entre as pessoas, é considerada pelo Sr. Herbert Spencer (no seu *Social Statics*) como uma refutação das pretensões da utilidade em constituir-se num guia suficiente para o certo, já que (afirma ele) o princípio de utilidade pressupõe o princípio anterior de que todos têm igual direito à felicidade. Talvez fosse mais acertado dizer que esse princípio supõe que quantidades iguais de felicidade são igualmente desejáveis, quer sejam experimentadas pela mesma ou por diferentes pessoas. Isso, entretanto, não é uma pressuposição, nem sequer uma premissa necessária para sustentar o princípio de utilidade, mas o próprio princípio. Pois o que é o princípio de utilidade senão a sinonímia entre os termos "felicidade" e "desejável"? Se houver algum princípio anterior implicado não pode ser outro senão o de que as verdades da aritmética são aplicáveis à avaliação da felicidade, assim como a todas as outras quantidades mensuráveis.

[O Sr. Herbert Spencer, em uma comunicação pessoal a respeito da nota precedente, recusa ser considerado um adversário do Utilitarismo e afirma considerar a felicidade como o fim último da moral; embora entenda que aquele fim é apenas parcialmente alcançável por meio de generalizações empíricas a partir dos resultados observados da conduta e que só é alcançável completamente deduzindo-se, das leis da vida e das condições de existência, os tipos de ação que necessariamente tendam a produzir a felicidade e os tipos que tendam a produzir a infelicidade. Com exceção do uso do termo "necessariamente" não tenho nenhum reparo a fazer a essa doutrina e, omitindo-se esse termo, desconheço um defensor moderno do utilitarismo que seja de opinião diferente. Bentham, certamente, a quem o Sr. Spencer particularmente se refere em seu *Social Statics*, é, de todos os escritores, o que menos se pode acusar de relutância em deduzir os efeitos das ações sobre a felicidade a partir das leis da natureza humana e das condições universais da vida humana. A acusação comum

legislador, todos os homens estão igualmente apoiados para reivindicar a felicidade e, portanto, igualmente apoiados para reivindicar todos os meios para alcançá-la, embora apenas nos limites impostos à máxima pelas condições inevitáveis da vida humana e pelo interesse geral, no qual o interesse de cada indivíduo está incluído; limites esses que devem ser estritamente determinados. Tal como qualquer outra máxima de justiça, essa também não é, de modo nenhum, aplicada ou tida por aplicável universalmente. Ao contrário, e conforme já observei, ela submete-se às ideias de cada um a respeito da conveniência social. Mas seja qual for o caso em que é julgada aplicável, é considerada como um ditame da justiça. Considera-se que todas as pessoas têm *direito* à igualdade de tratamento, exceto quando uma reconhecida conveniência social exija o contrário. É assim que todas as desigualdades sociais que deixaram de ser consideradas convenientes assumem o caráter da injustiça e não da simples inconveniência, e parecem tão tirânicas que as pessoas se perguntam como foi possível alguma vez tolerá-las, esquecendo que talvez elas mesmas tolerem outras desigualdades em nome de uma noção igualmente equivocada de conveniência, noção essa que, uma vez corrigida, faria com que aquilo que aprovam parecesse tão monstruoso como aquilo que elas finalmente aprenderam a condenar. Toda a história dos aperfeiçoamentos sociais consistiu em um série de transições pelas quais um costume ou instituição deixa sucessivamente de ser considerada uma suposta necessidade fundamental da existência social para passar à categoria de uma tirania e injustiça universalmente estigmatizada. Foi o que ocorreu com as distinções entre escravos e homens livres, entre nobres e servos, patrícios e plebeus; o mesmo ocorrerá, e em parte já ocorre, com as aristocracias de cor, raça e sexo.

Torna-se claro, pelo que foi dito, que a justiça é um nome para certas exigências morais que, consideradas coletivamente, ocupam um lugar mais elevado na escala da utilidade social e são, portanto,

contra Bentham é a de confiar com demasiada exclusividade em tais deduções e a de se negar em absoluto a limitar-se a essas generalizações extraídas da experiência específica, as quais o Sr. Spencer considera que os utilitaristas geralmente se restringem. A minha opinião pessoal (e, segundo penso, a do Sr. Spencer) é a de que em ética, como em todos os outros ramos do estudo científico, a consonância dos resultados desses dois processos, cada um corroborando e verificando o outro, é indispensável para conferir a qualquer proposição geral o tipo e o grau de evidência que constituem a prova científica]. (N.A.)

mais rigorosamente obrigatórias do que quaisquer outras; entretanto, podem ocorrer casos particulares em que algum outro dever social é suficientemente importante para prevalecer sobre qualquer máxima geral de justiça. Assim, para salvar uma vida, pode não apenas ser permitido, mas constituir um dever, roubar ou tomar pela força os alimentos ou medicamentos necessários, ou, ainda, raptar e compelir o único médico qualificado a intervir. Em tais casos, como recusamos o nome de justiça a algo que não seja uma virtude, costumamos dizer, não que a justiça deva ceder a algum outro princípio moral, mas que o que é justo nos casos ordinários não o é, em razão desse outro princípio, no caso particular. Graças a essa útil adaptação da linguagem, conservamos o caráter irrevogável atribuído à justiça e livramo-nos da necessidade de sustentar que pode haver injustiças louváveis.

Creio que as considerações precedentes resolvem a única dificuldade real da teoria utilitarista da moral. Tem sido sempre evidente que todos os casos de justiça são também casos de conveniência: a diferença reside no peculiar sentimento que se liga à primeira, distinguindo-a da segunda. Se esse sentimento característico foi suficientemente explicado; se não há necessidade de atribuir-lhe uma origem peculiar; se ele é simplesmente o sentimento natural de ressentimento, moralizado ao se tornar coextensivo com as demandas do bem social; e se existe e deve existir em todos os tipos de casos a que corresponde a ideia de justiça — então esta ideia não mais se apresenta como um obstáculo insuperável para a ética utilitarista. A Justiça segue sendo o nome adequado para certas utilidades sociais que são muito mais importantes e, portanto, mais absolutas e imperativas do que quaisquer outras consideradas como classe (embora não mais do que outras possam sê-lo em casos particulares). Elas devem, por isso, ser protegidas, como de fato naturalmente o são, por um sentimento diferente não só em grau mas em qualidade, distinto, tanto pela natureza mais definida de seus ditames como pelo caráter mais severo de suas sanções, do sentimento mais moderado que se liga à simples ideia de promover o prazer ou a conveniência dos homens.

DO MESMO AUTOR
NESTA EDITORA

AUTOBIOGRAFIA

A LÓGICA DAS CIÊNCIAS MORAIS

CRONOLOGIA

1806 — Nasce John Stuart Mill, em Londres, a 20 de maio, filho do filósofo e historiador James Mill (1773-1836). Educado em casa pelo próprio pai, Stuart Mill começa a aprender grego e aritmética aos três anos de idade. Aos 7 anos já estava familiarizado com os seis primeiros diálogos platônicos e aos 11 auxilia na correção das provas da obra de seu pai, *História da Índia*. Passa então a estudar Lógica e Economia Política. A influência do economista David Ricardo (1772-1823) e do filósofo utilitarista Jeremy Bentham (1748-1832) foi também decisiva na formação de Stuart Mill.

1817 — David Ricardo publica *Princípios de economia política e tributação*.

1820 — Thomas R. Malthus (1766-1834) publica *Princípios de economia política considerados em vista de sua aplicação prática*.

1822 — Stuart Mill funda com amigos a "Sociedade Utilitarista", formada por discípulos de James Mill e de Jeremy Bentham.

1823 — Stuart Mill começa a trabalhar na Companhia das Índias. J. Bentham funda a *Westminster Review*, que S. Mill dirigirá mais tarde, para divulgar as visões do grupo intelectual e político conhecido como "Filósofos Radicais".

1825 — Stuart Mill funda a "Debating Society", para confronto de ideias. Presença de seguidores do socialista inglês Robert Owen (1771-1858) e do filósofo e poeta Samuel T. Coleridge (1772-1834), contrários às ideias de James Mill e Bentham. S. Mill prepara a edição de uma vasta obra jurídica de Bentham em 5 volumes (*Rationale of Judicial Evidence*).

1826 — Stuart Mill passa por uma crise depressiva, devida em parte ao tipo de educação a que foi submetido. É o momento em que procura distanciar-se das ideias de seu pai e de Bentham lendo a poesia de William Wordsworth (1770-1850), as obras de S. T. Coleridge, do ensaísta escocês Thomas Carlyle (1795-1881), do socialista francês

Claude Henri Saint-Simon (1760-1825), do filósofo Auguste Comte (1798-1857) e do historiador e teórico político Alexis de Tocqueville (1805-1859).

1830 — Stuart Mill conhece Harriot Taylor, mulher a quem dedicará verdadeira adoração. O *affair*, entretanto, enfrentou as complicações advindas do fato de H. Taylor ser casada. Desenvolve-se então uma longa amizade que só culminará no casamento dois anos após a morte do marido de H. Taylor. Esta teria exercido influência no pensamento de S. Mill, aproximando-o do socialismo e do feminismo.

1831 — Publicado o primeiro volume do *Curso de filosofia positiva*, de A. Comte.

1832 — Morre Bentham.

1837 — William Whewell (1794-1866), cientista e historiador da ciência, publica sua *História das ciências indutivas*, obra da qual S. Mill tomará vários dos exemplos de investigação científica que ilustrarão seu *Sistema de lógica*. Mas S. Mill criticará o enfoque intuicionista dado por W. Whewell à ciência e à moral.

1836 — Morre James Mill.

1838 — Stuart Mill publica "Bentham", artigo crítico em que ajusta contas com as visões de Bentham a respeito da moral e dos motivos da ação humana.

1840 — W. Whewell publica sua *Filosofia das ciências indutivas*.

1843 — Stuart Mill publica o *Sistema de lógica*.

1848 — Stuart Mill publica os *Princípios de economia política*.

1851 — Casamento com H. Taylor.

1858 — Morte de H. Taylor. Stuart Mill aposenta-se da Companhia das Índias.

1859 — Stuart Mill publica *Sobre a liberdade*.

1861 — Stuart Mill publica *Utilitarismo* e *Considerações sobre o governo representativo*.

1865 — Publica *Um exame da filosofia de sir William Hamilton*. Eleito para a Câmara dos Comuns como candidato radical pela circunscrição de Westminster. Defende a ampliação dos direitos eleitorais, representação proporcional, reforma agrária na Irlanda e direito de sufrágio às mulheres.

1868 — Candidata-se novamente à Câmara dos Comuns mas não é reeleito.

1869 — Redige notas para a nova edição da *Análise dos fenômenos da mente humana*, livro escrito por seu pai em 1829. Publica *Augusto Comte e o positivismo* e *A sujeição das mulheres.*

1873 - Stuart Mill morre em Avignon, França, em 8 de maio. Publicada sua *Autobiografia.*

1874 — Publicado *Três ensaios sobre a religião.*

CADASTRO
ILUMINURAS

Para receber informações sobre
nossos lançamentos e promoções,
envie e-mail para:

cadastro@iluminuras.com.br

A *Iluminuras* dedica suas publicações à memória de sua sócia Beatriz Costa [1957-2020] e a de seu pai Alcides Jorge Costa [1925-2016].